UNIVERSOS

RAQUEL PÉREZ GIRÁLDEZ

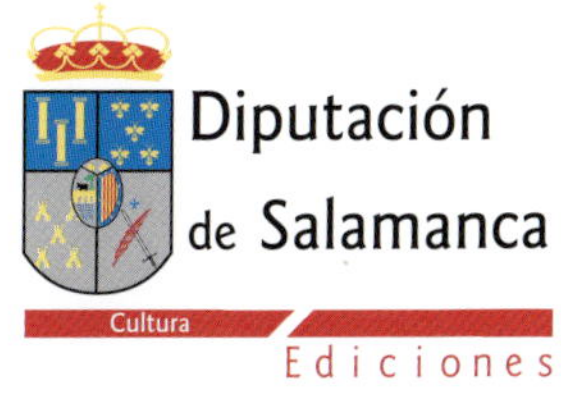

Diputación de Salamanca

Cultura
Ediciones

EDICIONES DE LA DIPUTACIÓN DE SALAMANCA
Serie catálogos, n.º 288

1.ª edición: 2026

© Diputación de Salamanca

Montaje: Hermanos Feltrero

Fotografías: Gaspar Domínguez

ediciones@lasalina.es
www.lasalina.es/cultura

ISBN: 978-84-7797-794-0
Depósito Legal: S 32-2026

DISEÑO DE CUBIERTA:
I.Brey

MAQUETACIÓN:
Intergraf

IMPRESIÓN:
IMPRENTA KADMOS

A Rodri, a Julio, a Francis.

A los que quiero y a los que me quieren.

Este catálogo es una ventana al universo creativo de Raquel Pérez, con su muestra *Universos*.

Servirá para acercarnos al fantástico mundo de este artista donde podremos contemplar desde animales imaginarios a flores o casas encantadas.

Nos divide su obra en tres itinerarios diferentes utilizando para ello distintas técnicas. Con la acuarela centrada en la temática de la ilustración botánica o mediante la tinta o los rotuladores nos acerca al mundo de la ilustración, en la que las casas, situadas junto a bosques y jardines no faltando las referencias al mundo vegetal y onírico, pueblos o jardines nos incitan a la curiosidad y terminando en la pintura, los óleos, donde la geometría parece fusionarse con lo figurativo y donde la luz y el color son protagonistas.

Que este recorrido pictórico en un mundo de fantasía continúe en nuestra memoria y nos invite a mirar el mundo que nos rodea con otros ojos.

David Mingo Pérez
Diputado de Cultura

RAQUEL PÉREZ GIRÁLDEZ
O EL UNIVERSO DE LAS FORMAS

Desde sus primeros años, Raquel Pérez Giráldez observó con enorme curiosidad todo cuanto le rodeaba. A través de sus ojos, captaba un sinfín de detalles que pasaban desapercibidos para la mayoría de los adultos inmersos en aburridas monotonías. Por encima de todo, le fascinaba la magia de las formas que configuraban su universo: la estructura arquitectónica de las casas y sus espacios, las losetas geométricas de los elegantes suelos hidráulicos sobre los que discurrió su infancia, las suaves ondulaciones de los pétalos de las flores o los frágiles contornos de los insectos. Las formas tenían para ella una potencia similar a la del lenguaje para describir y descubrir otros mundos que están en éste. Si a esto le unimos la fuerza del color, el embelesamiento era total. Muy pronto descubrió el atractivo de la unión del color y la forma, y cómo sus combinaciones y mezclas hablaban mucho más que las palabras.

No es de extrañar que usara el dibujo, la pintura, la fotografía, para seguir sumergiéndose en ese mundo "primitivo" de sus comienzos, mientras aprendía los rudimentos necesarios para detener la realidad y atraparla en sus composiciones. En sus años de estudio experimentó con todo tipo de técnicas: dibujo, óleo, grabado, serigrafías, acuarelas, etc. Mientras, se esforzaba en captar la verdad de todo cuanto veía, desvelando un rico y mágico universo de luz, formas y colores.

Con el tiempo, Raquel Pérez Giráldez, hizo de su fascinación todo un arte ofreciéndonos maravillosas composiciones que son a la vez ventanas y espejos. Vanos que atrapan la realidad para revelarnos la veracidad de sus creaciones y espejos que nos ofrecen la oportunidad de fantasear sobre el mundo que habitamos, su naturaleza y nuestro propio mundo interior.

A modo de breviario de su obra, sirva esta exposición para acercarnos al fantástico universo de Pérez Giráldez, a sus composiciones que se suceden como piezas de un gabinete de objetos singulares: geometrías, animales fantásticos, flores y casas encantadas. Su pintura nos permite ver mundos que nunca han existido, pero que no por eso dejan de ser reales y verdaderos para el intelecto y la sensibilidad. El mundo representado por su pintura es otro mundo posible, desvelado tras la puerta que Raquel nos abre. Sus composiciones incluyen al espectador que se siente fascinado ante su universo, imaginando cómo sus pinceles recrean los colores de su Galicia natal o cómo surgieron esas formas que tienen ya entidad propia.

Empeñada en buscar la belleza, Raquel Pérez Giráldez la encierra en sus arabescas geometrías que incluyen animales a gran escala. Cartografía su anatomía con la precisión de una ecuación matemática. Nos acerca a la vida de estos animales transformándola en bellas metáforas de luz y vibrante color gracias al uso combinado del acrílico y el óleo. Junto a sus geometrías, sus flores son un compendio de pétalos, un florilegio que trasciende su momento, absolutamente modernas, como su insuperable uso de la acuarela sobre el papel mientras nos cuenta todo lo que necesitamos saber sobre la vida. Como los grandes pintores, Raquel Pérez Giráldez nos muestra en sus flores un arte del equilibrio, de la pureza, de la serenidad. "El arte es la flor" dijo Charles Rennie Mackintosh en 1902, "La vida es la hoja verde" y así

lo expresan las sutiles acuarelas de Raquel. Devota de las formas, transitando de lo figurativo a lo abstracto en ocasiones, las representaciones de animales fantásticos le ofrecen a la artista la excusa perfecta para buscar estructuras plásticas cargadas de fantasía que hagan soñar al espectador, como esas casas situadas a menudo junto a bosques y jardines. En ellas nunca faltan referencias al mundo vegetal y onírico, casi como una prolongación envolvente de la personalidad de su creadora.

Y así, con la aparente sencillez de sus composiciones que esconden un laborioso proceso creativo, Raquel Pérez Giráldez nos ofrece un universo lleno de misterio y sentido, con la absoluta seguridad del que sabe que su obra seducirá al espectador. Sus inagotables fantasías nos atrapan haciéndonos habitantes de su maravilloso mundo mientras nos esforzamos en resolver sus enigmas. El resultado final no puede ser más mágico. Después de ver sus creaciones, el espectador fantasea brevemente con la idea de que se lleva un fragmento de la belleza del universo de Pérez Giráldez.

MONTSERRAT GONZÁLEZ GARCÍA
Historiadora del Arte

EL OASIS DEL ARTISTA

Si la gente supiera, entendiera lo que hay detrás de un cuadro. Lo que conlleva el proceso.

Expones tu interior, desnudas tu alma. Entre artista y obra no hay medias tintas, no hay mentiras ni apariencia. Eres tú mismo. Con tu bagaje a la espalda de recuerdos y aprendizajes. De emociones. Plasmadas a veces en bocetos rápidos, ideas locas que se cruzan en tu mente y se materializan al fin.

Así es un artista. Tu mente crea bulliciosa. Constantemente.

Cada detalle de la vida cotidiana que todos vivimos se vuelve inspiración. Vemos donde otros no aprecian, con una mirada naif que se deja sorprender.

La rutina dc la propia vida nos salva a veces, haciéndonos pisar la realidad y anclándonos a un mundo "real" para que la libertad que nos proporciona la imaginación no tome las riendas de la razón.

Pero también se es feliz cuando esa libertad se impone, cuando esa sensibilidad arrolladora visita mundos imaginarios, animales fantásticos y muestra esa pasión interior que nos devuelve a la niñez, a jugar, a disfrutar.

Esa pasión interior que nos devuelve a la verdadera vida. Que nos permite evadirnos de la monotonía. Porque la vida de un artista no es monótona en ningún aspecto.

Hay que volver a colocar en su lugar exacto las prioridades. Concederles su momento. Cuando ya has cumplido con la vida y tú mismo vuelves a ser tu prioridad.

Entonces se vuelve al principio, al pasado, a la esencia y, en definitiva, a tus raíces. Y te vuelves a encontrar.

Y vuelves a crear. Simplemente porque te hace feliz y te has lo has ganado.

Jugando con la dualidad de realidad y fantasía. De vida y arte. Con la naturaleza como inspiración inagotable y un trasfondo geométrico que evoca eternidad y atemporalidad de fondos bizantinos. Fondo de colores que son recuerdos y no se pueden encasillar. Geometría racional sobre la que la naturaleza exuberante destaca e imprime la retina. Así, la expresión perdura en el tiempo. Más allá del artista.

Privilegiados por saber lo que nos hace plenos y como conseguirlo, aunque tardemos algunos años en recuperar nuestra verdad.

Sabemos que nuestro arte está esperando y es nuestra forma de vida. Nos da fuerza y permite surfear campos y praderas que se transforman en acuarelas, mares en calma o embravecidos que siempre son inspiración y escudo para la vida… tu eterna Galicia, tus raíces a las que siempre vuelves.

Retornamos. El círculo se cierra.

Que suerte tenemos.

Envidiadnos. Porque poder expresar un mundo interior tan rico como infinito es, como digo, un privilegio.

Y mi deseo, Raquel, que nunca falte un pincel en las manos.

Marta Ojados González

LA SALINA Y MI PROYECTO

Hace muchos años que visito esta sala. Esta exposición, un sueño, una oportunidad, una ilusión. La Salina forma parte de mi circuito obligado cuando visito exposiciones en Salamanca. Cuando me vi con la necesidad de sacar a la luz mi actual proyecto plástico no se me ocurría mejor opción.

La situación de esta sala, a pie de calle, cercana, accesible…. Su recepción, siempre con una pequeña muestra de lo que nos espera dentro, como una tarjeta de presentación. La primera sala, amplia, con luz natural, poco habitual en salas de exposiciones. Y las dos salas anexas, más profundas, más ocultas… Vi desde el principio mi obra allí. Los oleos en la sala grande, acuarela e ilustración en las más pequeñas…

Por otro lado, mi previa relación con la Diputación de Salamanca a través de las ilustraciones del libro *Poemas para niños* de Isidro Marcos de Paúl, editado por la Diputación de Salamanca en 2002, trabajo del que guardo excelente recuerdo.

El objetivo principal de esta exposición es el de presentar mi obra. Dedicada por completo al mundo de la docencia, durante años, mi trabajo plástico ha quedado relegado a un segundo plano. Pocos son los proyectos fuera del ámbito educativo en los que he podido participar. Ilustraciones para algunos libros y poco más…

Aunque en la privacidad de mi mundo, nunca he dejado de crear, es ahora cuando decido hacer público mi trabajo más personal.

Dividido en tres frentes, en tres partes, en tres itinerarios, todos ellos se fusionan, se retroalimentan y conviven formando un todo.

LA ACUARELA

Centrada en la temática de la ilustración botánica, estos trabajos arrancan como estudio previo a lo que más tarde se convertirá en mi proyecto pictórico.

Influenciada por las acuarelas y tintas japonesas y por el dibujo científico, mis primeros trabajos se llenan de flores y más tarde de frutos. El análisis de la forma, del color, de la luz invade el papel.

La investigación se hace imprescindible, pero, finalmente, a medida que va pasando el tiempo, lo que empezó siendo un estudio previo a la pintura, se acaba convirtiendo en obra con entidad propia y valor en sí misma.

LA ILUSTRACIÓN

En paralelo con la acuarela, y como constante, está la ilustración. La actividad que nunca conseguí apartar de mi día a día.

Casas, pueblos, patios, galerías, jardines... llenan mis dibujos desde siempre. Acuarela, tinta, rotulador y, a veces pastel, son las técnicas que más utilizo.

La recreación de pequeños mundos, unos generados a partir de un recuerdo, otros, salidos de mi imaginación. Una creación constante de espacios que incitan a la curiosidad, que invitan a la exploración, que alimentan la ilusión de su existencia...

También, dentro del ámbito de la ilustración, la línea de mis "animales fantásticos", mis amables pequeños monstruos nacidos de la realidad y transformados en seres nuevos por mi imaginación. Aquí peces, pulpos, cangrejos, peces "cuasiabisales"...

LA PINTURA

En este último punto, nos encontramos con lo que se puede considerar el resultado, la consecuencia y, en cierta manera, el fin de todo lo anterior.

Desde 2018, el trabajo de acuarela y de ilustración se abre a la pintura. Los lienzos, finalmente, entran en el estudio y la geometría y la naturaleza en el lienzo.

Influenciada por el dibujo científico del Renacimiento y por la ilustración botánica de finales del XIX y comienzos del XX, comienzo una aventura... La exploración y el análisis de lo profundo de mi memoria, de mis recuerdos...

y un filtrado y volcado hacia la realidad, hacia el lienzo.

La geometría aparece para fusionarse con lo figurativo. Aquellos juegos sobre suelos hidráulicos vuelven y salen a la superficie. Cóctel de recuerdos, collage de imágenes... y un filtrado que me lleva a la creación final, a la representación gráfica de una idea, de un sentimiento, de una sensación. En definitiva, al concepto.

Una línea de trabajo donde confluye lo más y lo menos académico, lo geométrico y lo figurativo, el pasado y el presente. El dibujo técnico y el artístico. Dicotomía permanente. Se establece un juego entre fondo y forma, un diálogo...

La técnica refuerza, añade una carga de sentido a esta relación. Al principio el óleo era la única técnica utilizada, pero, a medida que avanza el trabajo, la técnica gana protagonismo y ayuda a reforzar esa diferencia y esa relación entre el fondo y la forma. La pintura acrílica toma el segundo plano mientras el óleo se hace protagonista en el primero aportando matices, brillos y luces.

La luz y el color también son protagonistas. La influencia de Sorolla sigue presente desde mis comienzos. El color y la luz se alzan y despegan sobre los fondos. La naturaleza representada se ilumina y, en cierto modo, se teatraliza buscando un efecto, una sensación, una impresión...

Raquel Pérez Giráldez

ACUARELAS

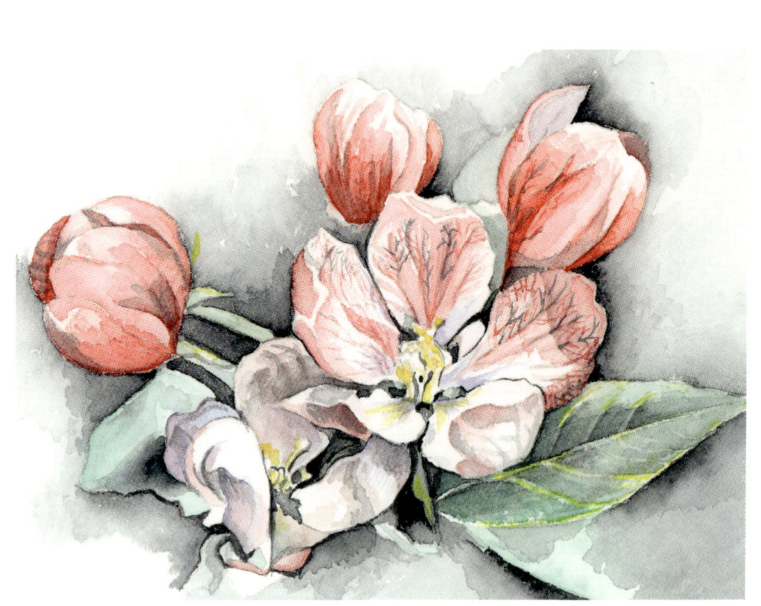

FLOR DEL CEREZO 1 | 2019 | Acuarela | 16 x 20 cm

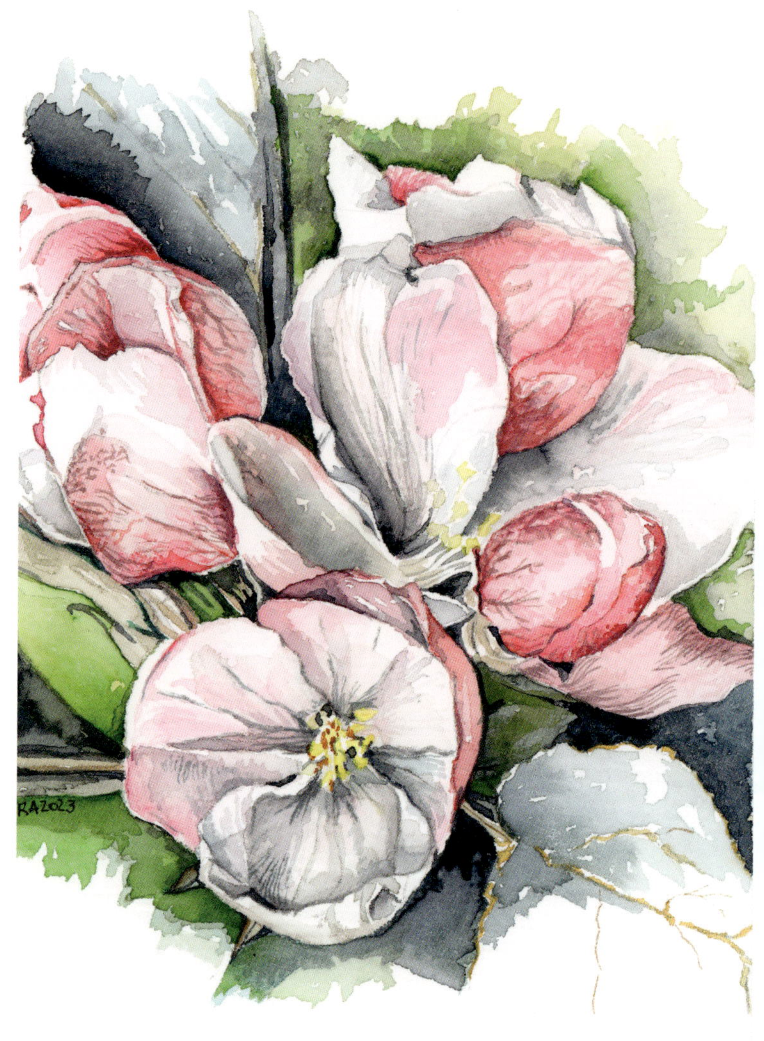

FLOR DEL CEREZO 2 | 2023 | Acuarela | 21 x 15 cm

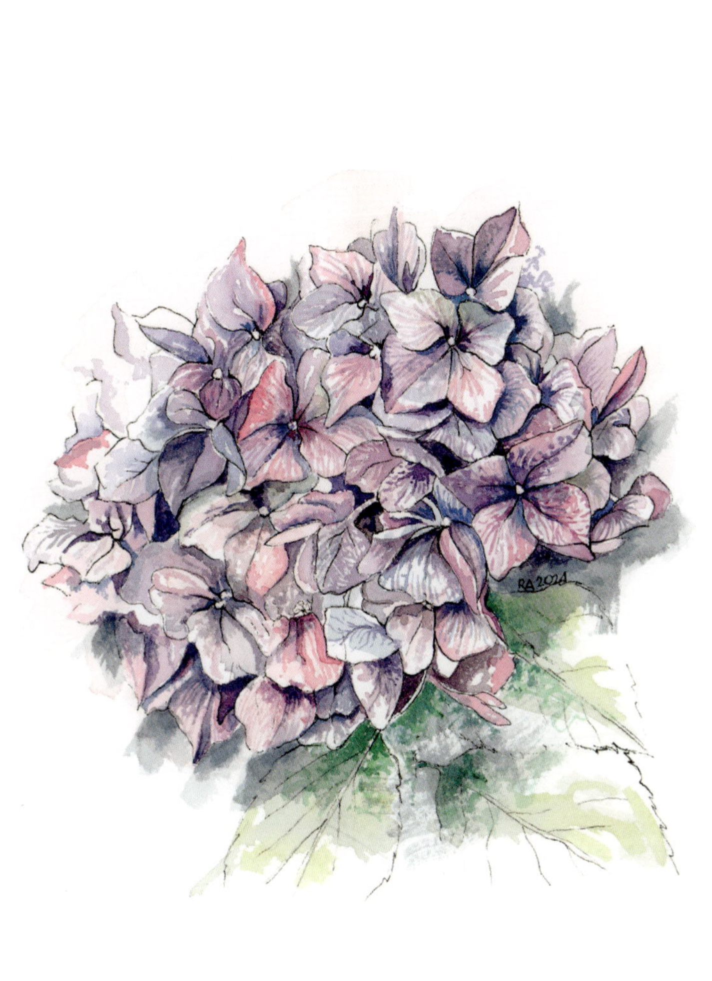

HORTENSIA | 2024 | Acuarela | 30 x 22 cm

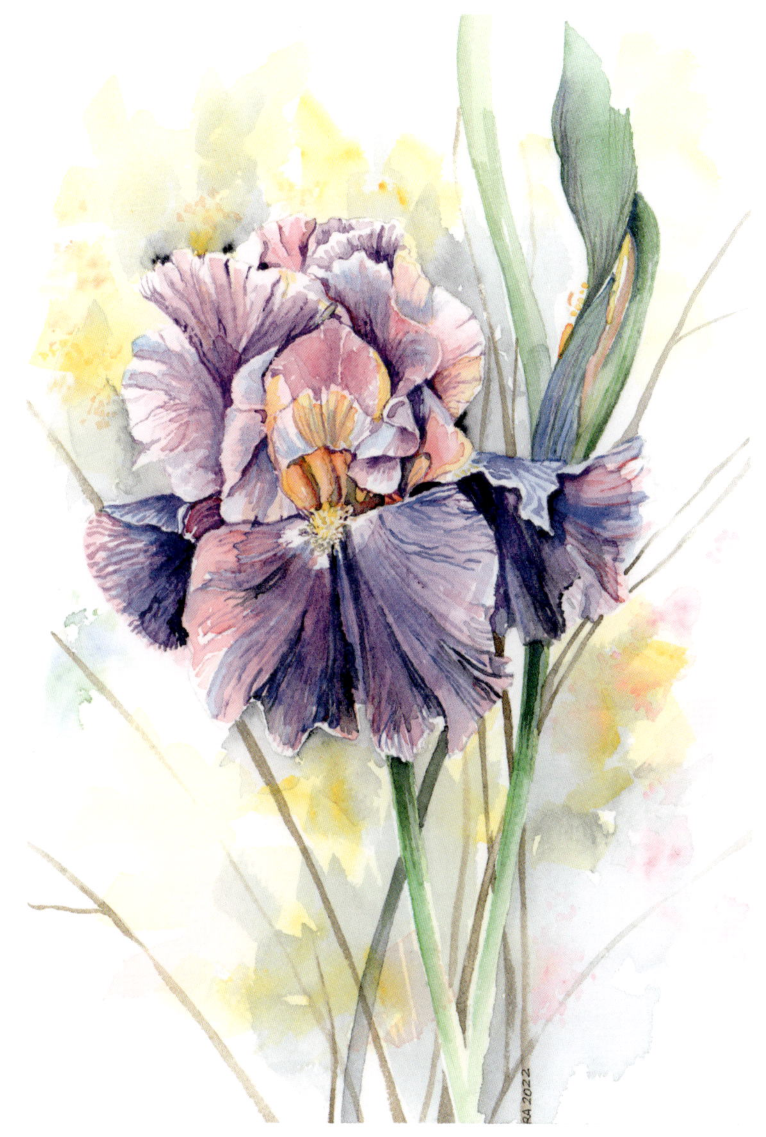

IRIS | 2022 | Acuarela | 29 x 20 cm

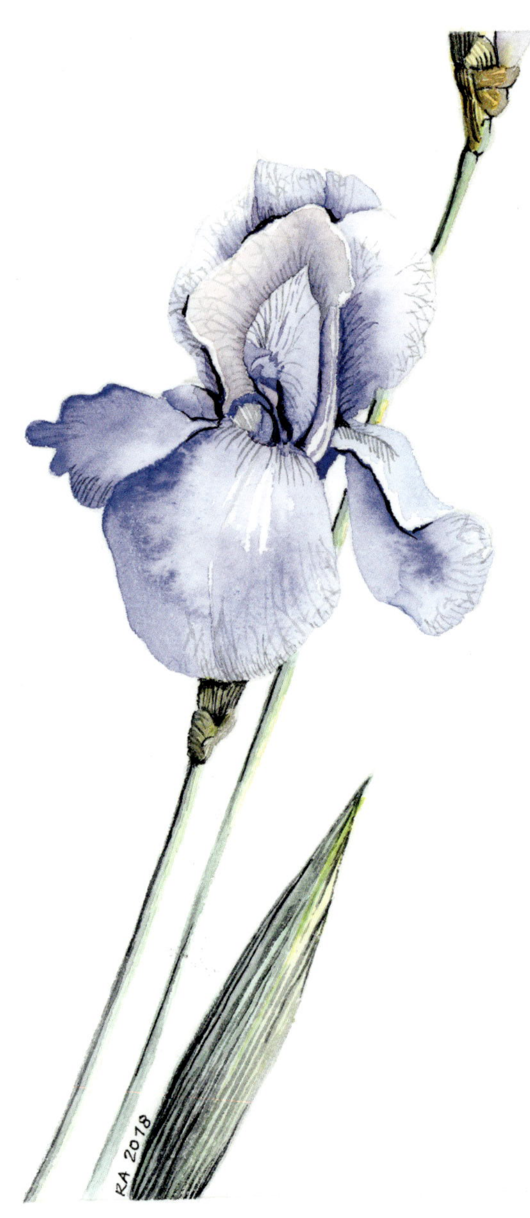

LIRIO AZUL | 2018 | Acuarela | 23 x 16 cm

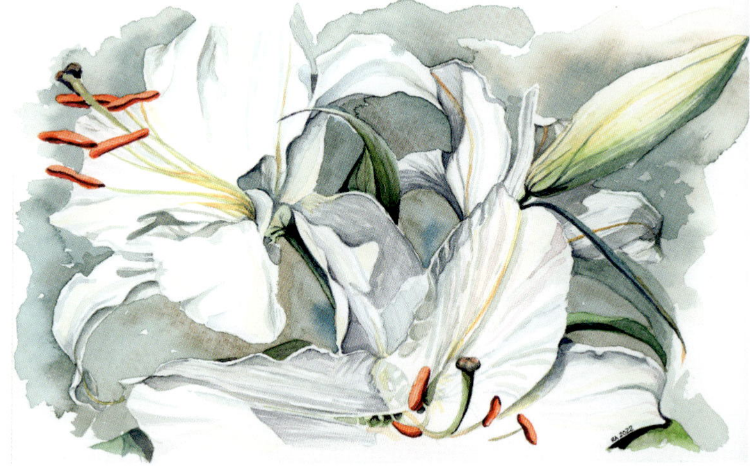

LILIUM ESTUDIO | 2022 | Acuarela | 22 x 31 cm

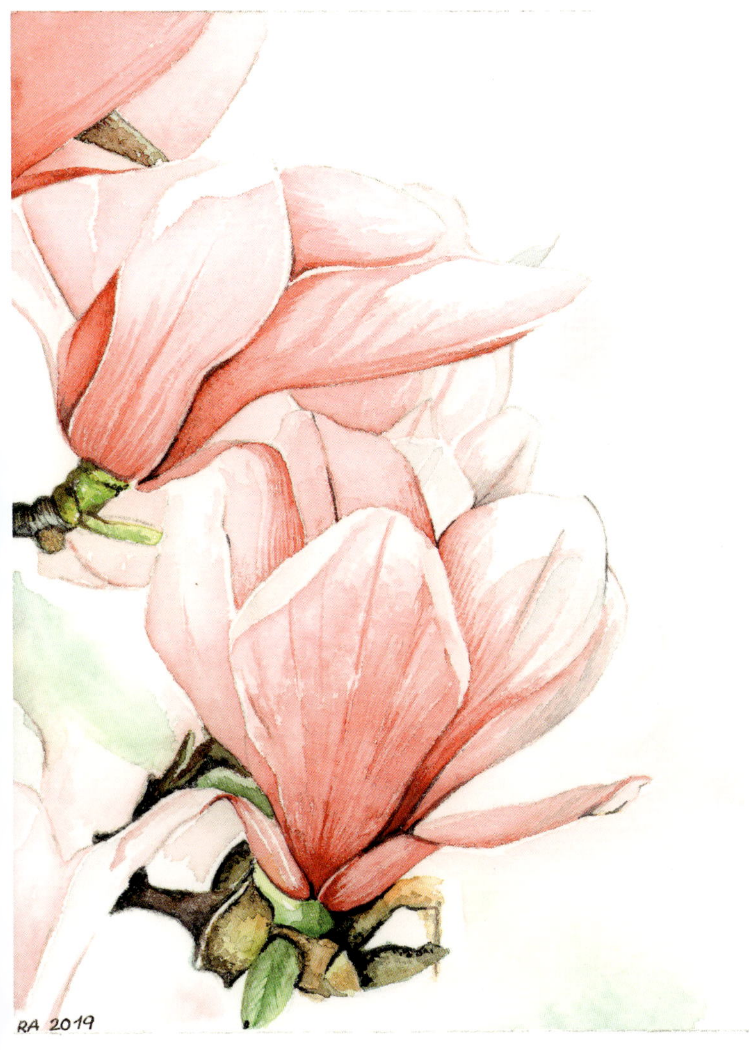

MAGNOLIA 1 | 2019 | Acuarela | 20 x 16 cm

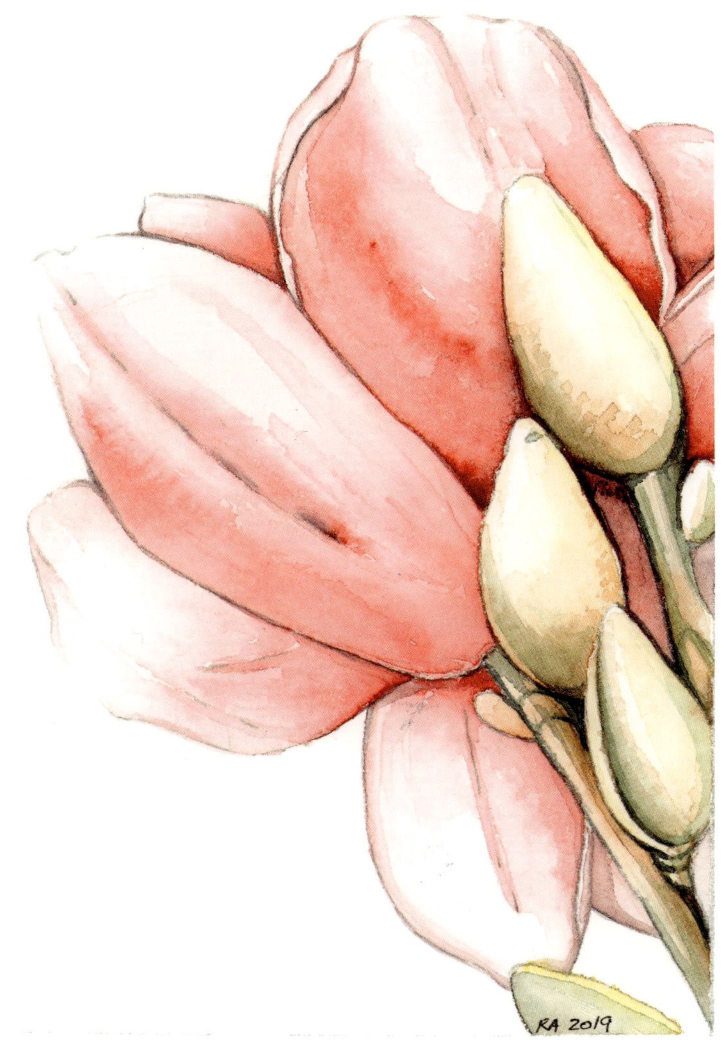

MAGNOLIA 2 | 2019 | Acuarela | 20 x 16 cm

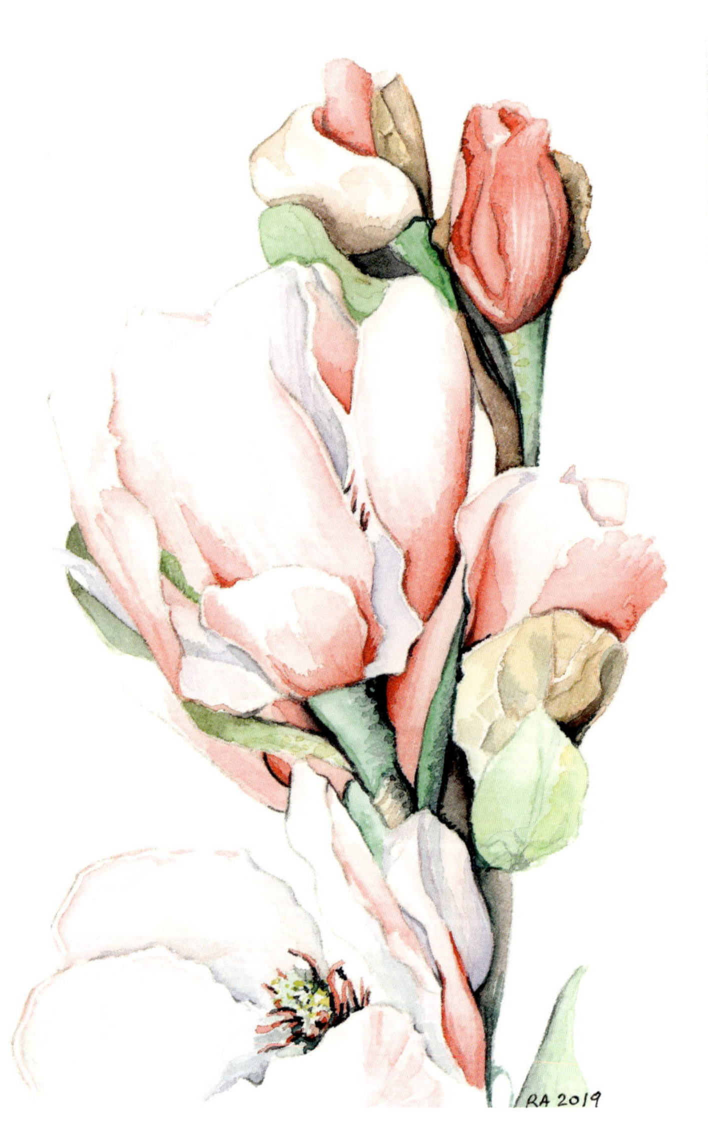

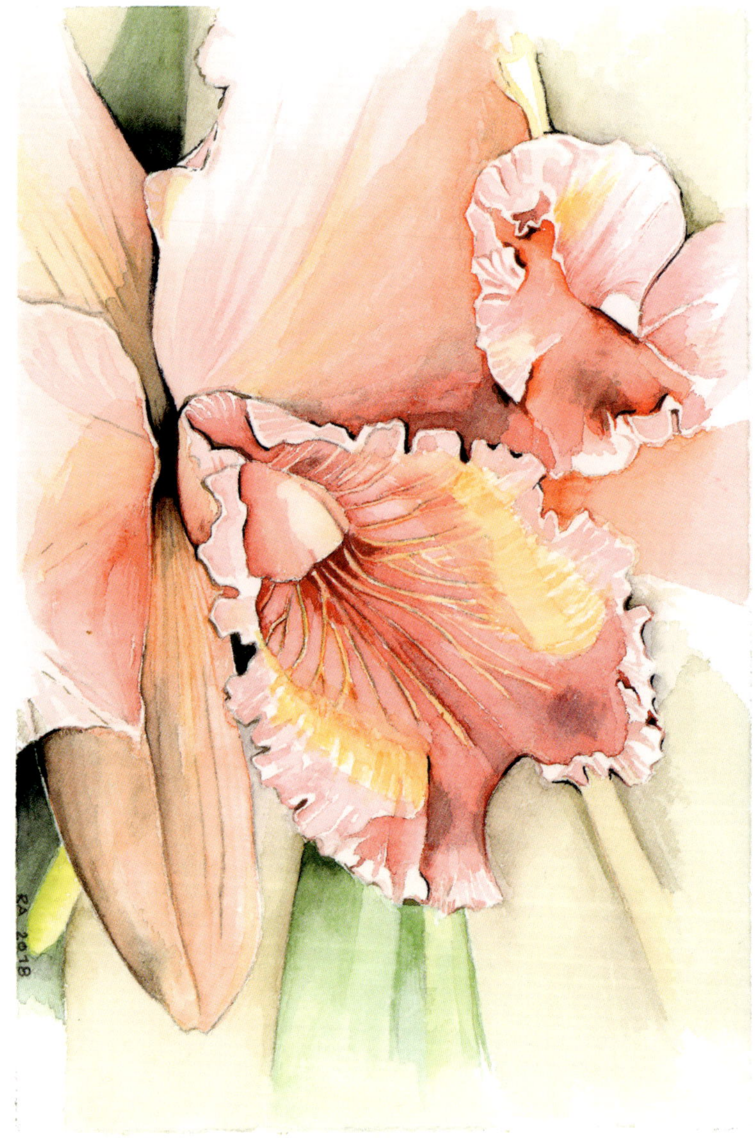

MAGNOLIA 3 | 2019 | Acuarela | 20 x 16 cm

IRIS | 2018 | Acuarela | 23 x 17 cm

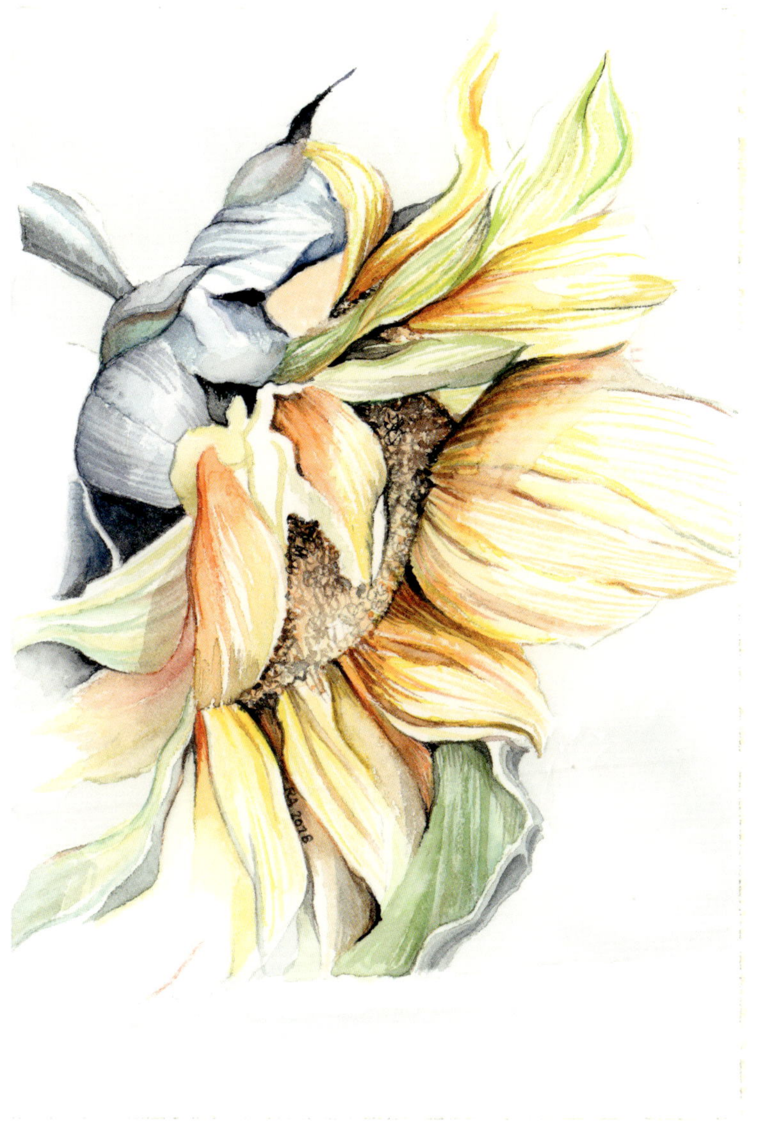

GIRASOL | 2018 | Acuarela | 23 x 17 cm

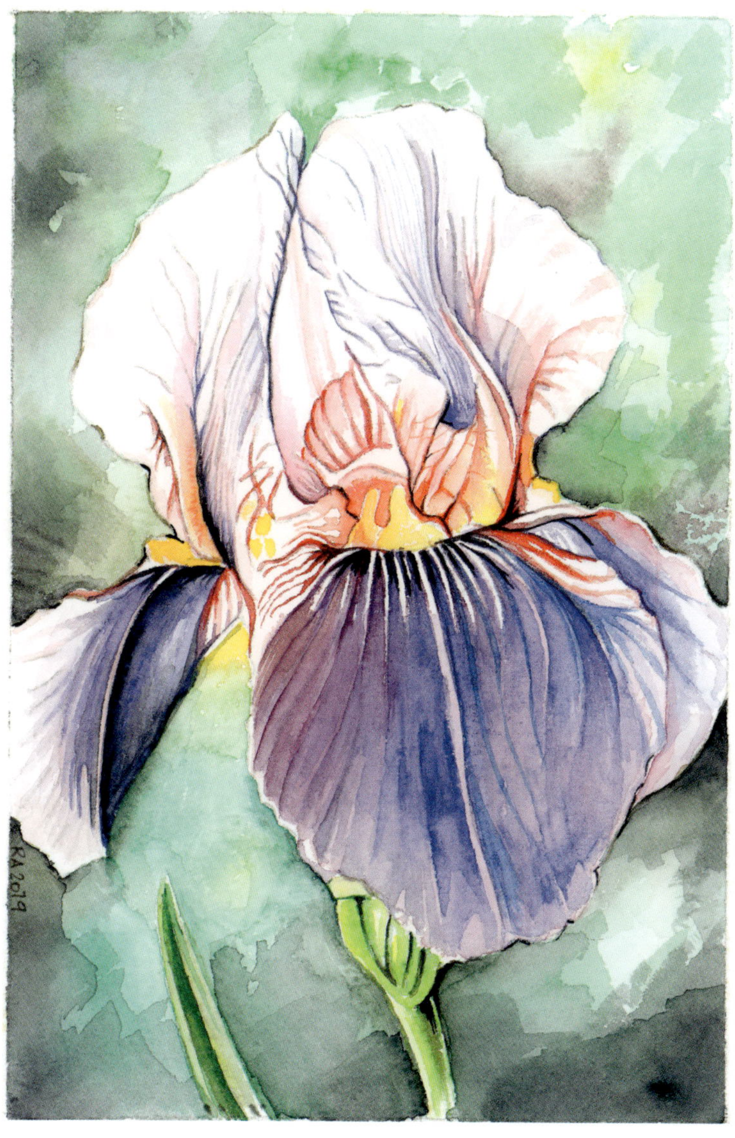

IRIS AZUL | 2019 | Acuarela | 23 x 17 cm

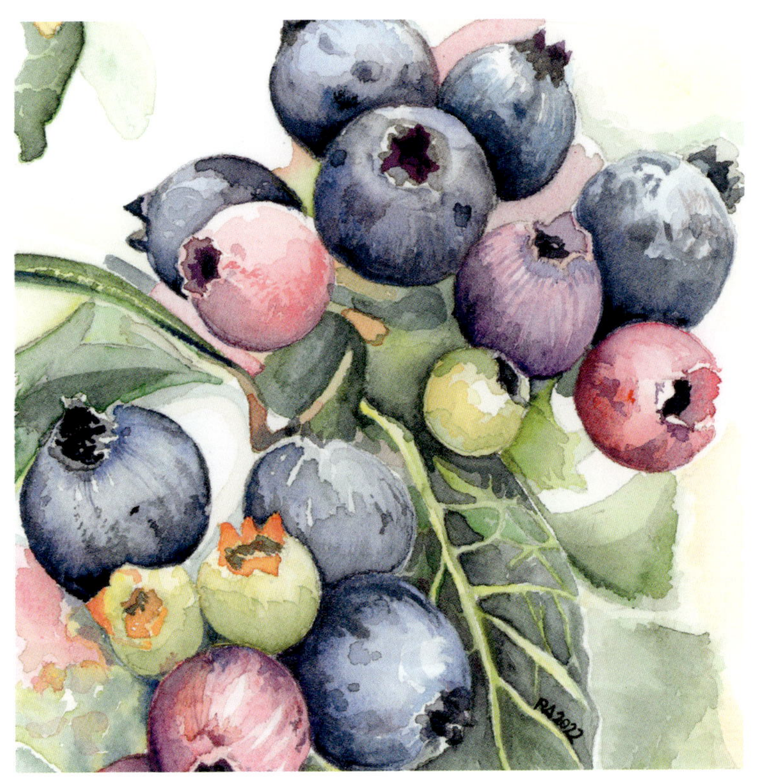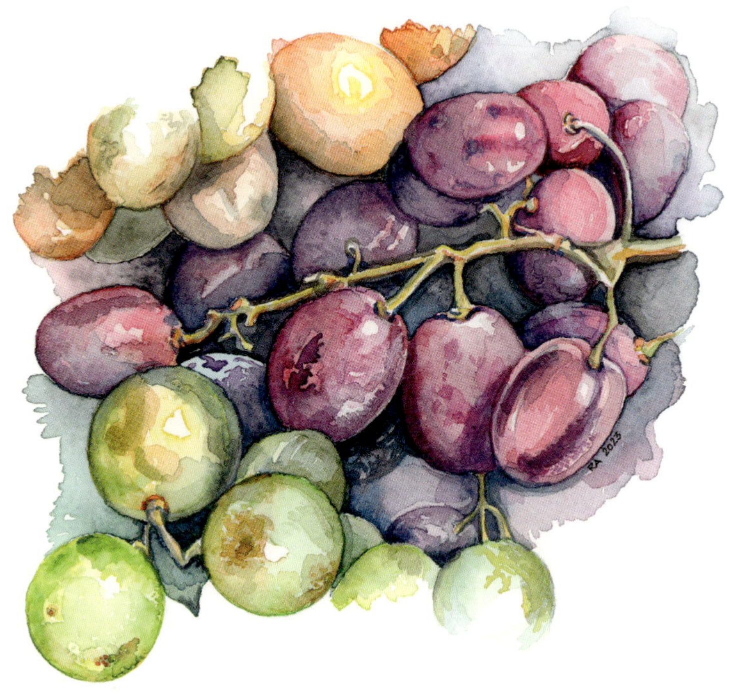

ARÁNDANOS | 2022 | Acuarela | 21 x 21 cm

UVAS | 2023 | Acuarela | 22 x 22 cm

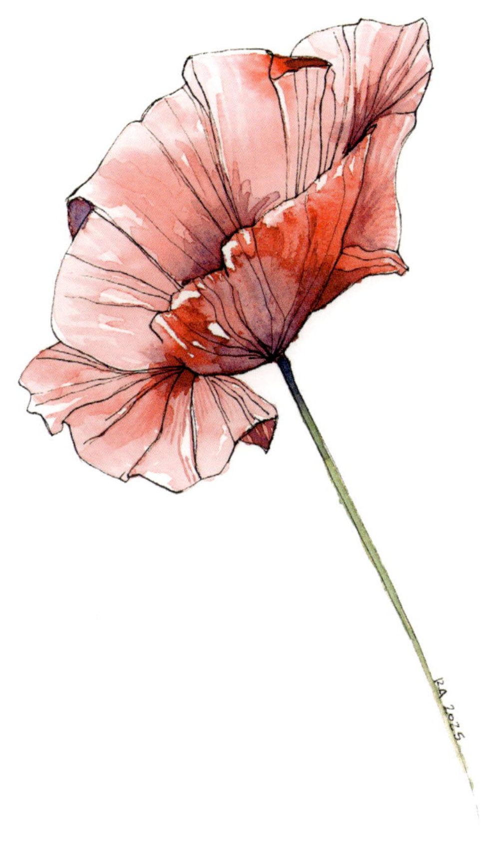

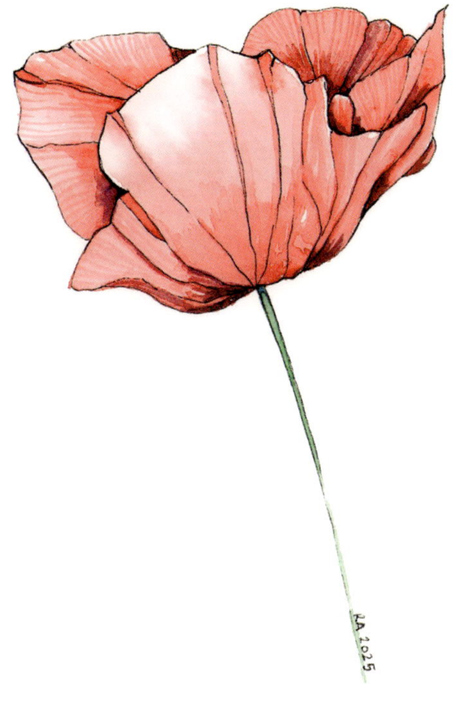

AMAPOLA 1 | 2025 | Acuarela | 16 x 21 cm

AMAPOLA 2 | 2025 | Acuarela | 16 x 21 cm

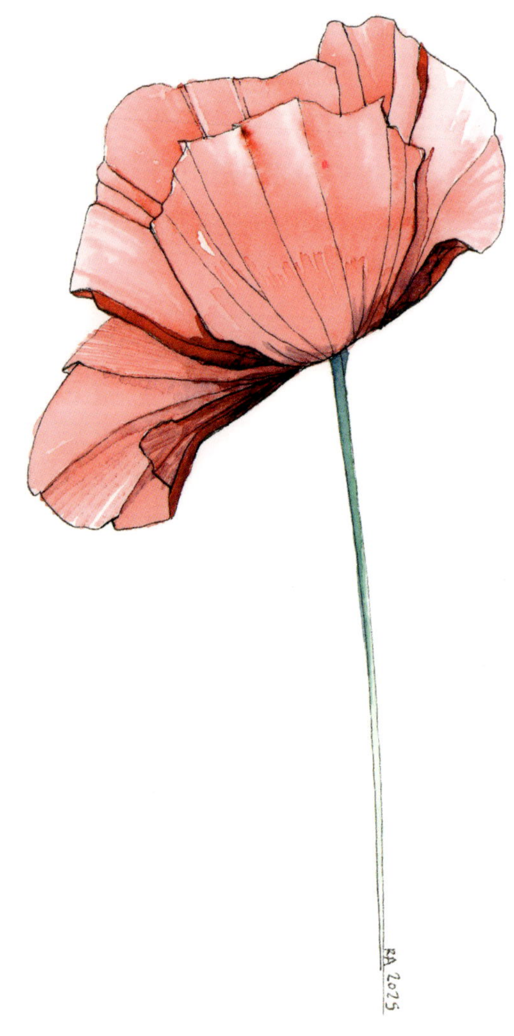

AMAPOLA 3 | 2025 | Acuarela | 16 x 21 cm

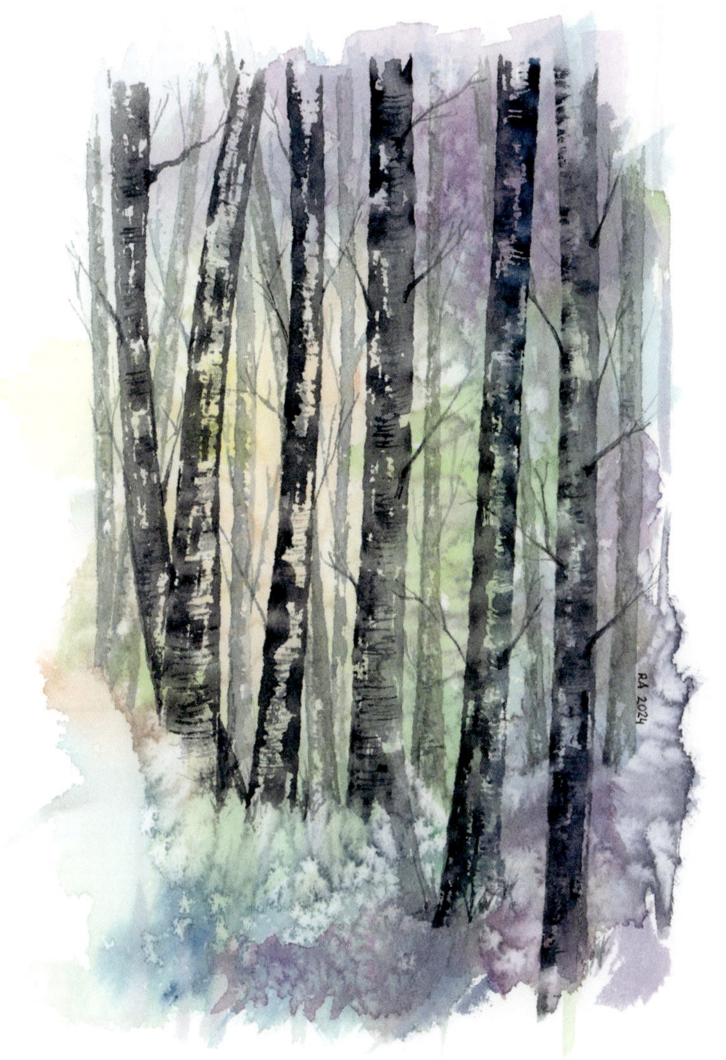 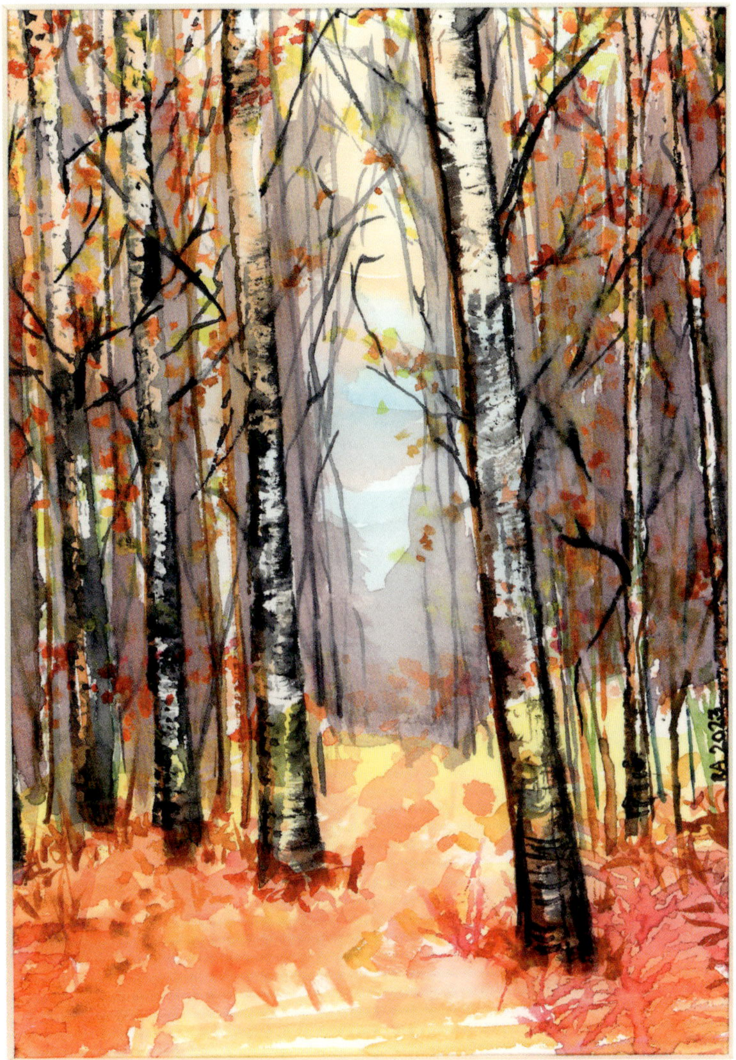

TRONCOS EN AZUL Y LILA | 2024 | Acuarela | 32 x 22 cm

EN EL BOSQUE | 2023 | Acuarela | 23 x 16 cm

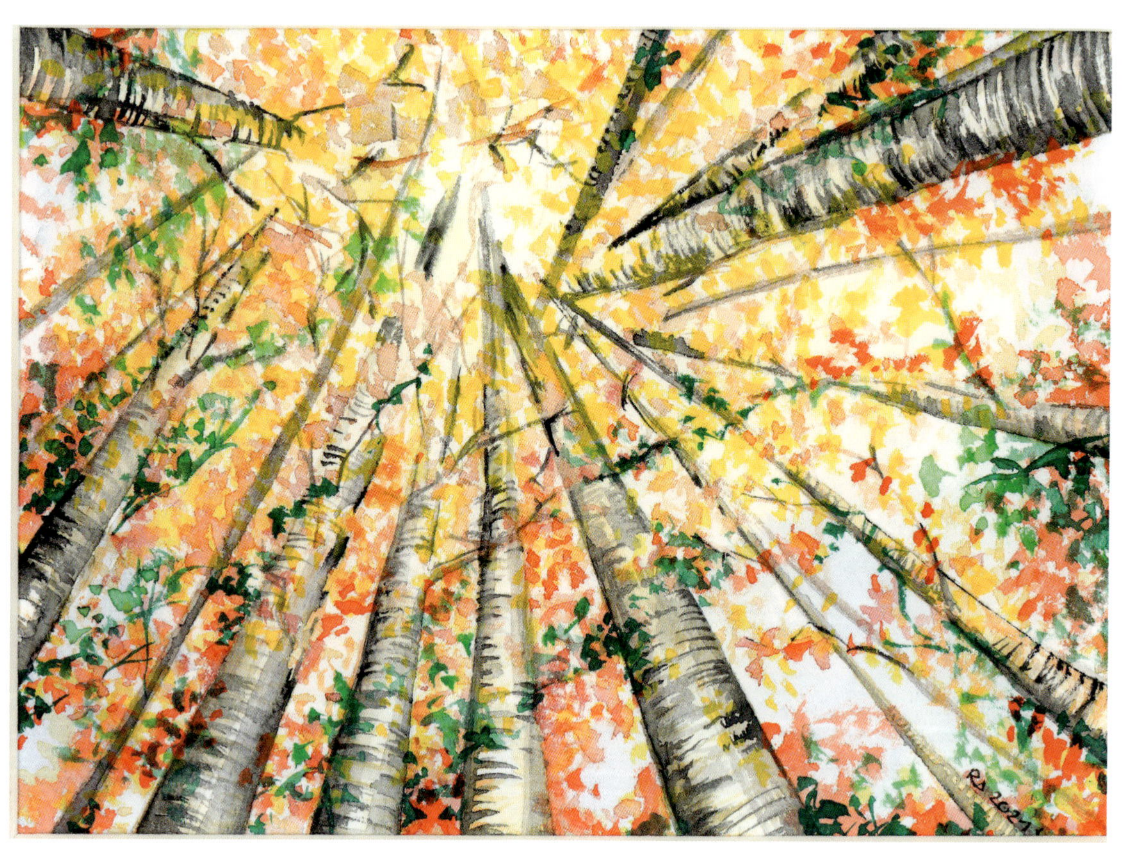

ENTRE LOS ÁRBOLES | 2021 | Acuarela | 16 x 21 cm

ÓLEOS

En esos pétalos,
Ligeros.
Sencillos.
Delicados.
Perdidos,
Con sentido.
En esos pétalos,
Ligeros.
Sencillos.
Delicados.
Perdidos.
Donde duermo,
Donde abrazo,
Donde me mezco sin sentido.

I. Brey

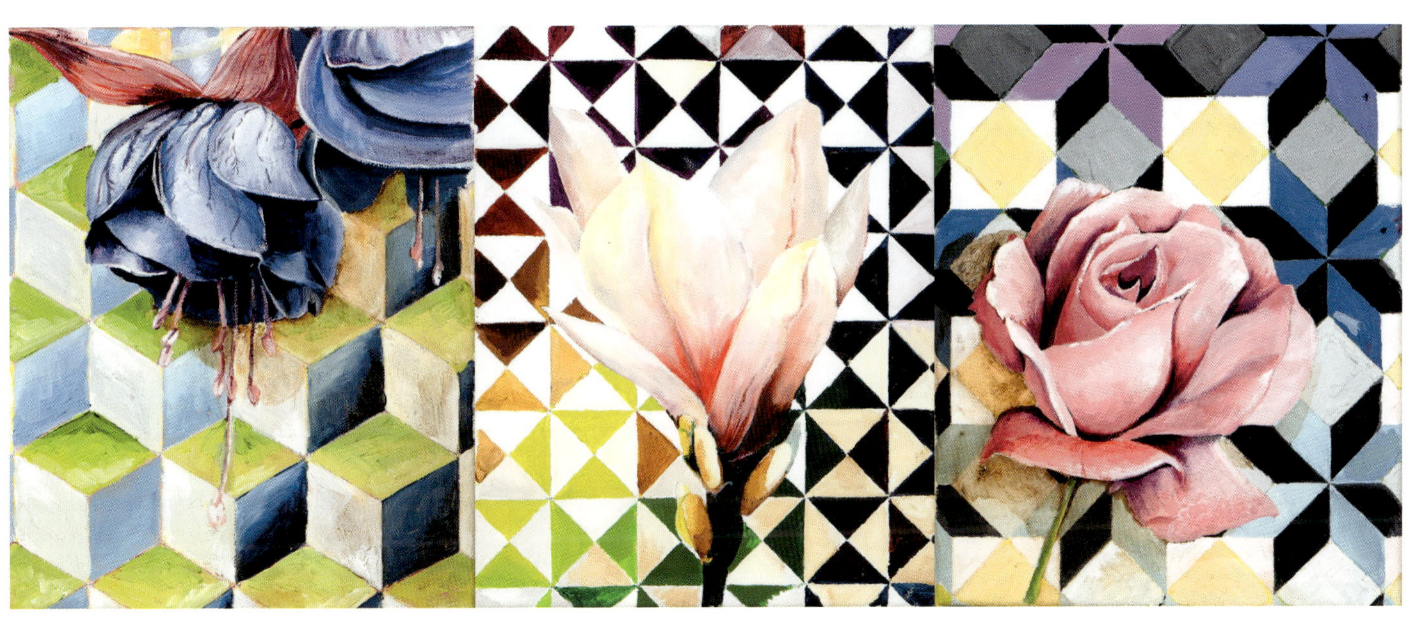

FLOR 1, FLOR 2, FLOR 3 | 2017 | Óleo sobre lienzo | 27 x 22, 27 x 22, 27 x 22 cm

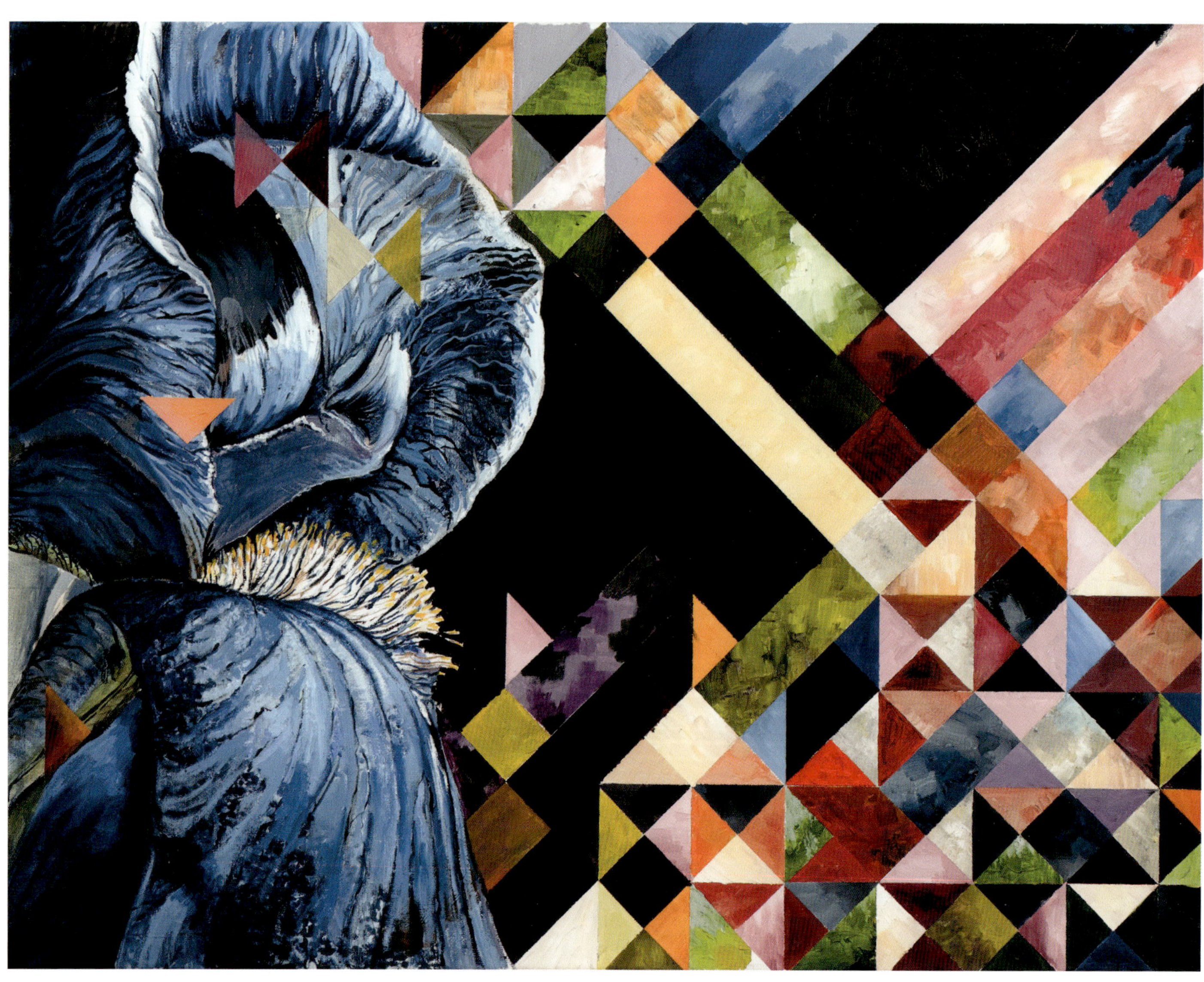

LIRIO AZUL | 2018 | Óleo sobre lienzo | 50 x 65 cm

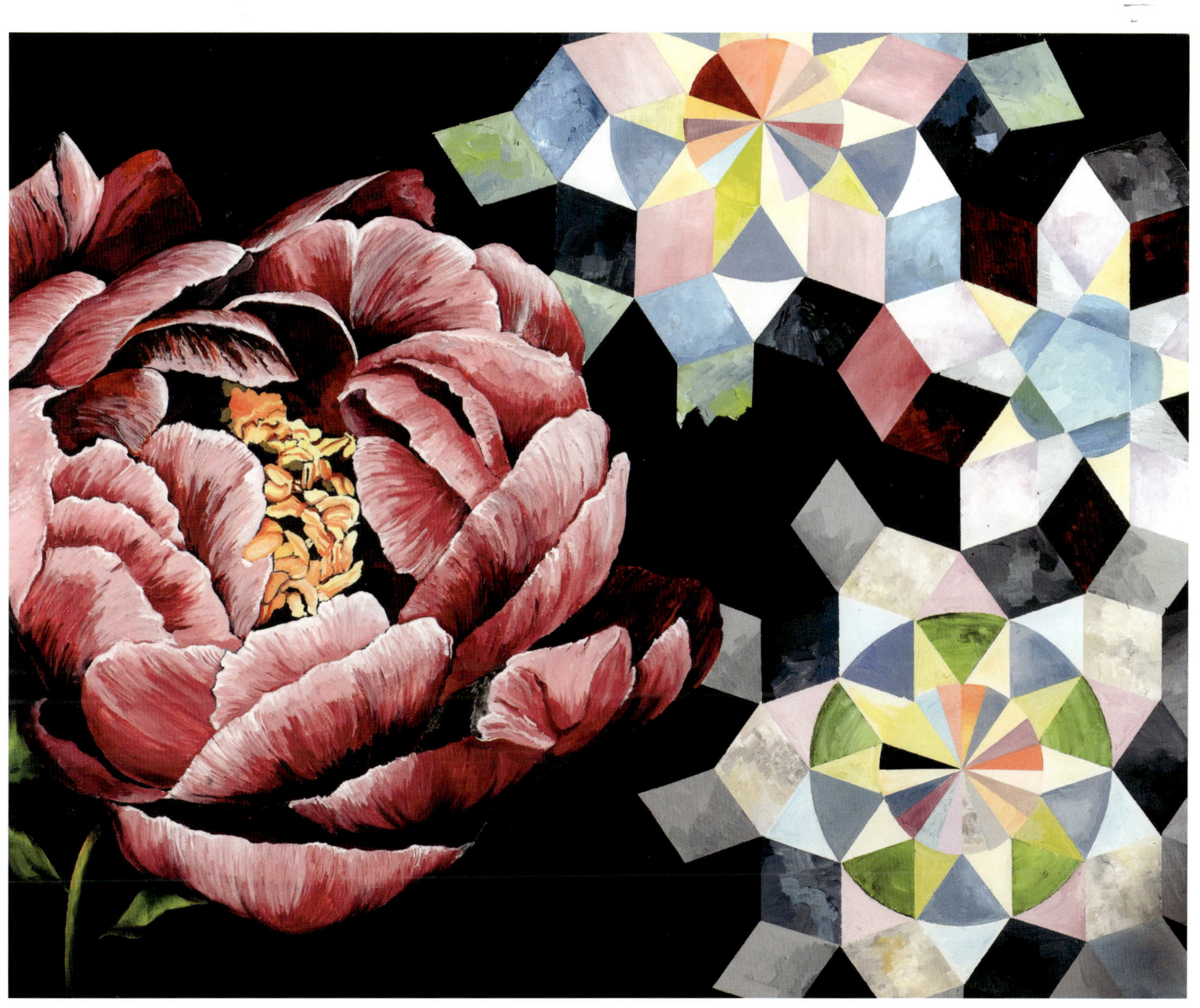

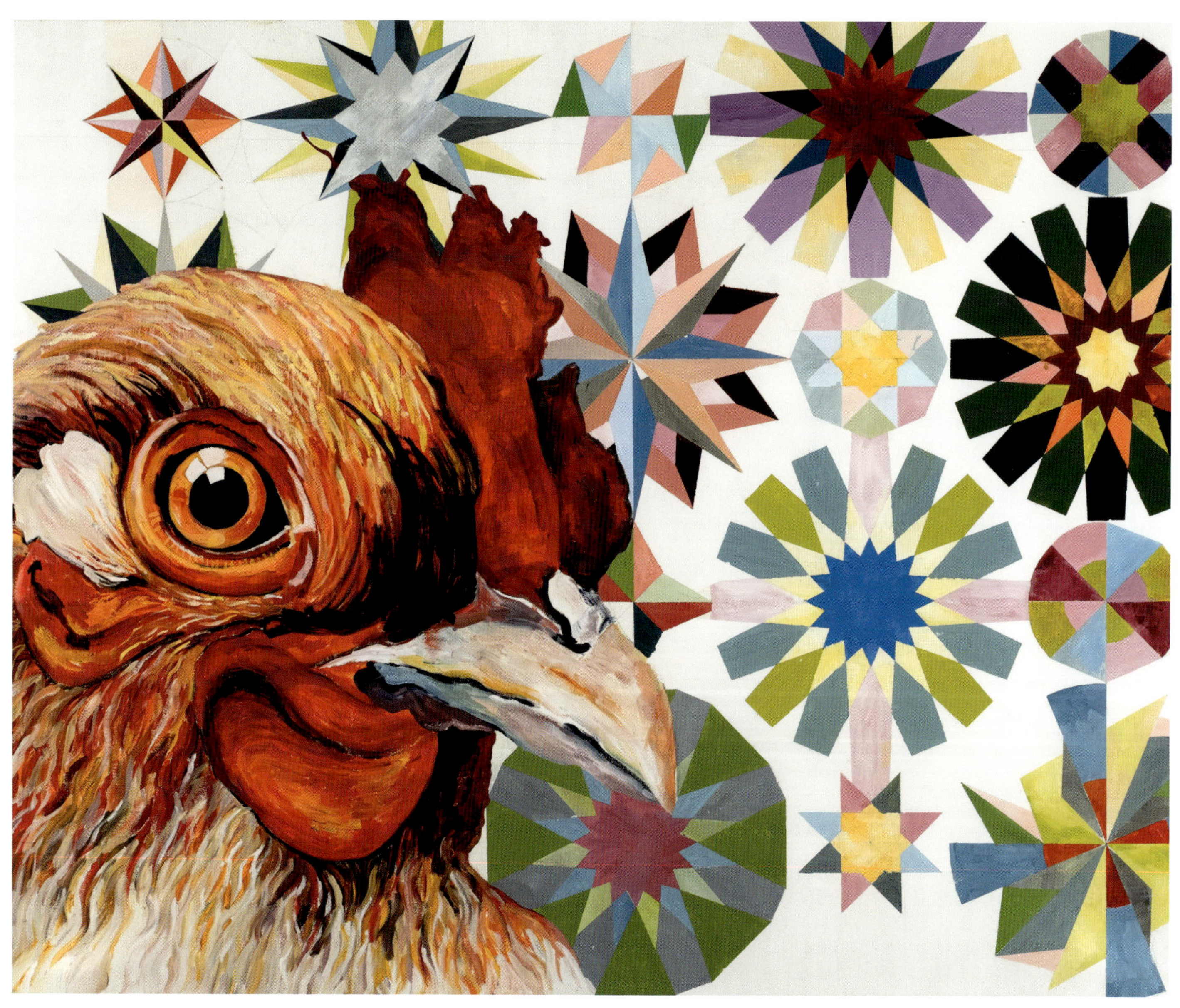

GALLO | 2019 | Óleo sobre lienzo | 81 x 100 cm

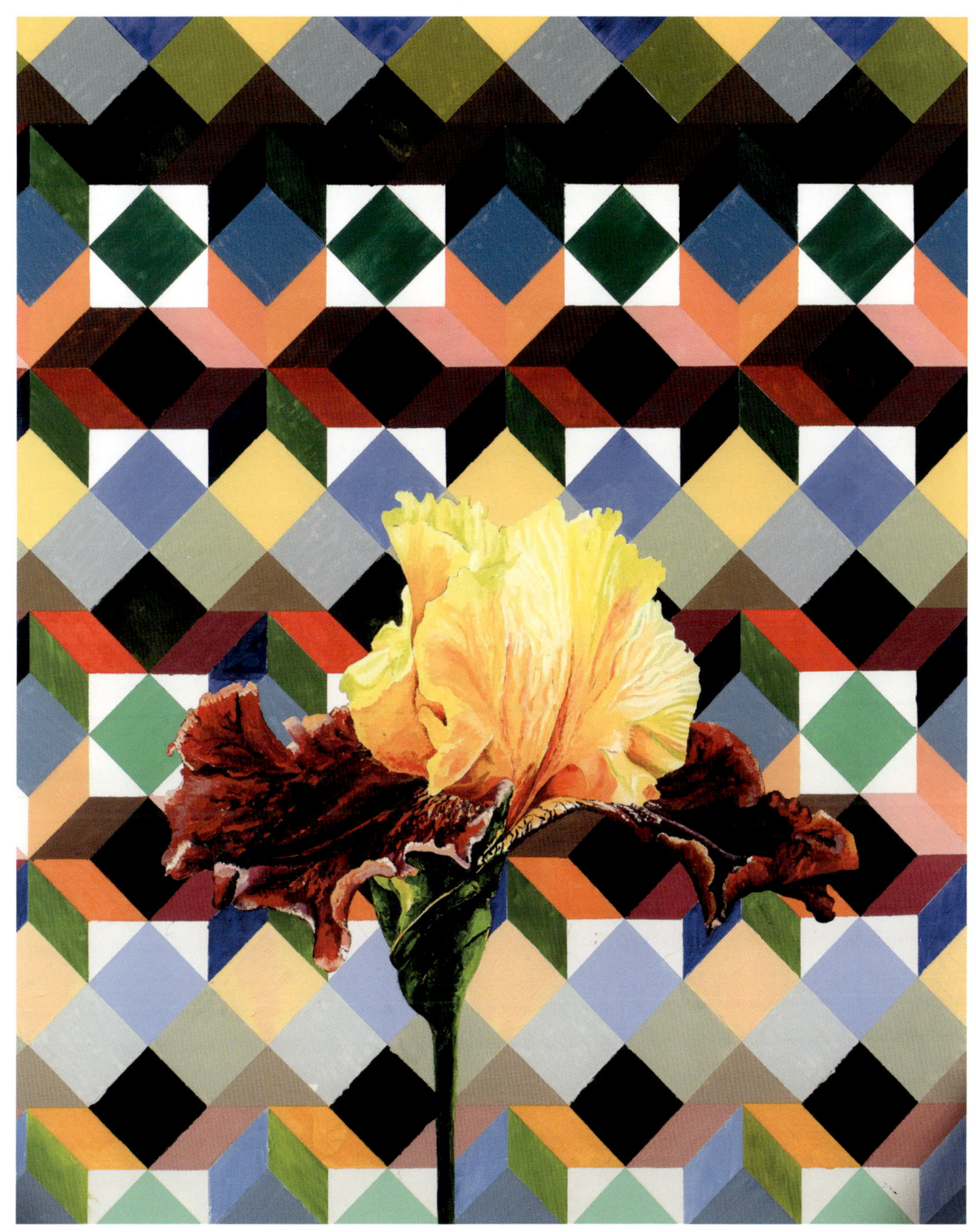

IRIS | 2019 | Óleo sobre lienzo | 100 x 81 cm

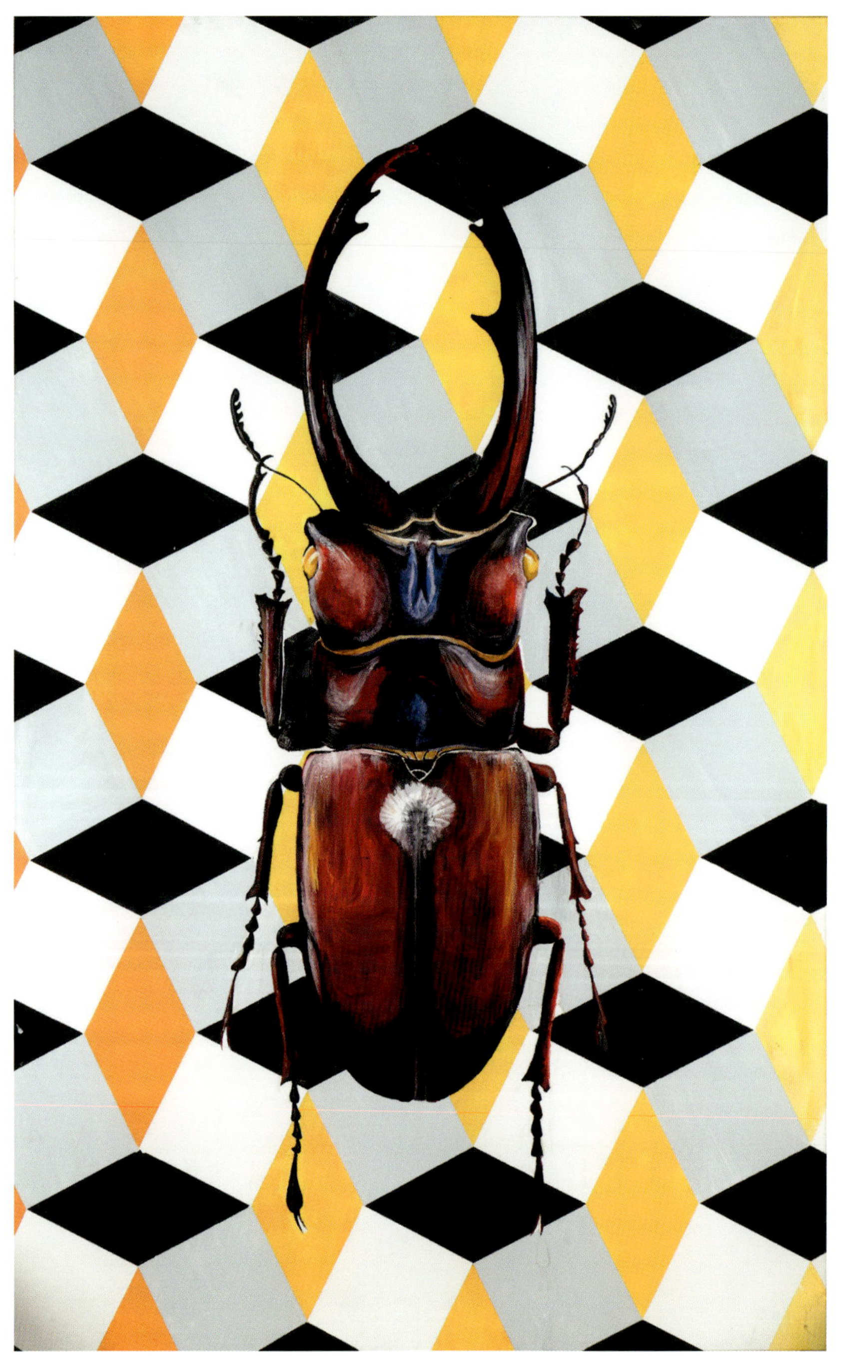

CIERVO VOLANTE | 2019 | Óleo y acrílico sobre lienzo | 115 x 74 cm

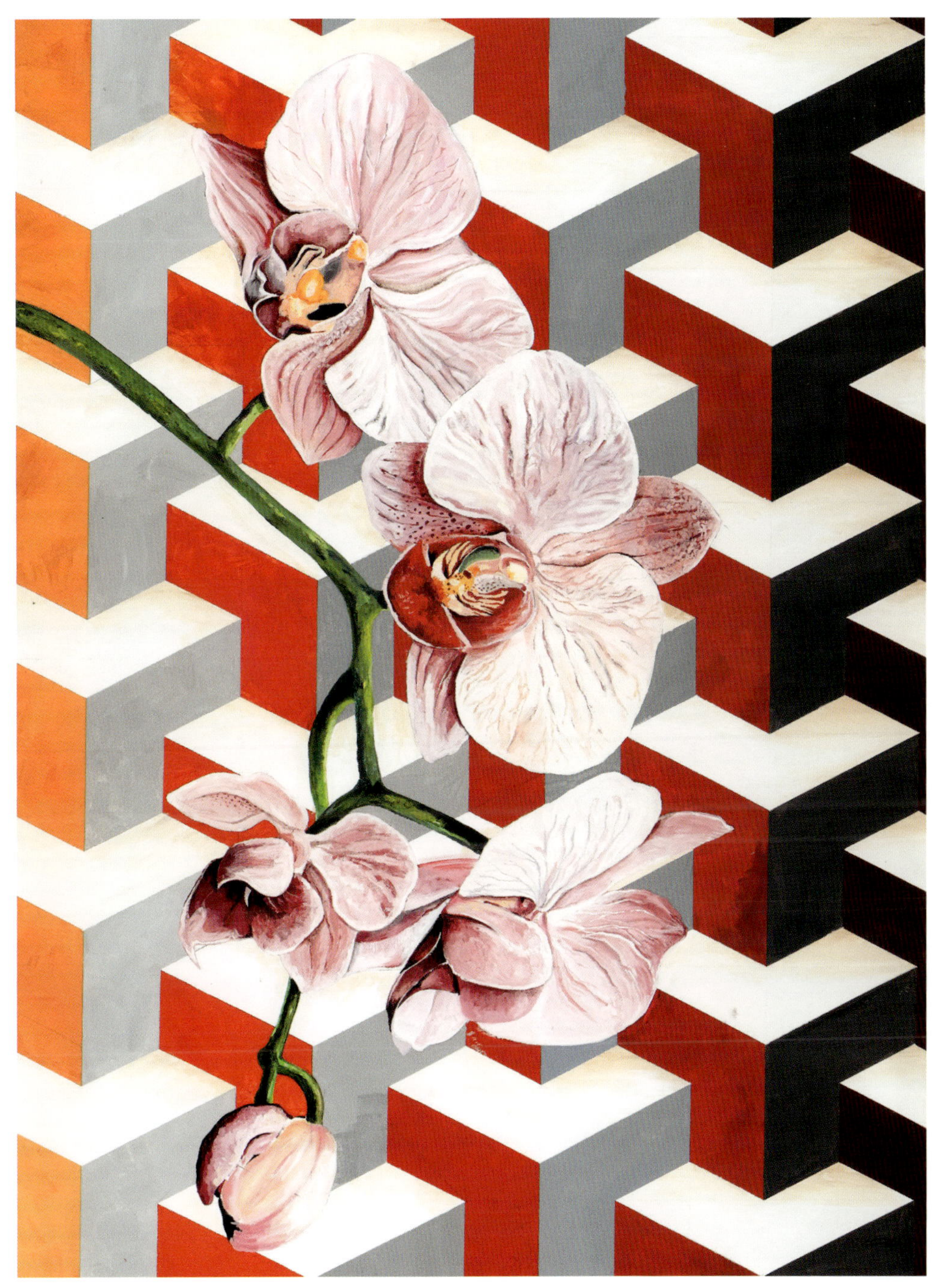

ORQUÍDEA | 2018 | Óleo y acrílico sobre lienzo | 130 x 97 cm

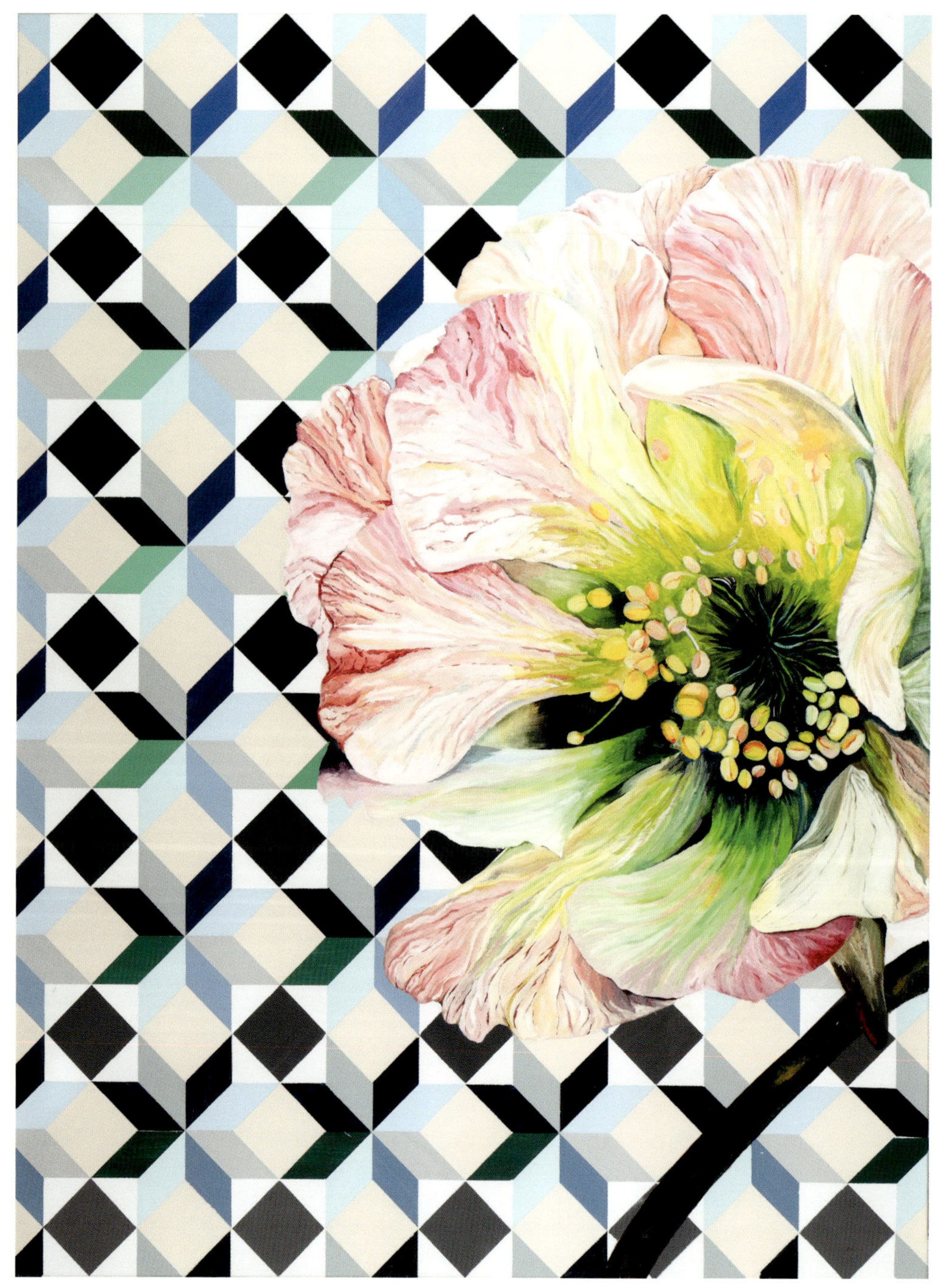

HELÉBORO | 2020 | Óleo y acrílico sobre lienzo | 130 x 97 cm

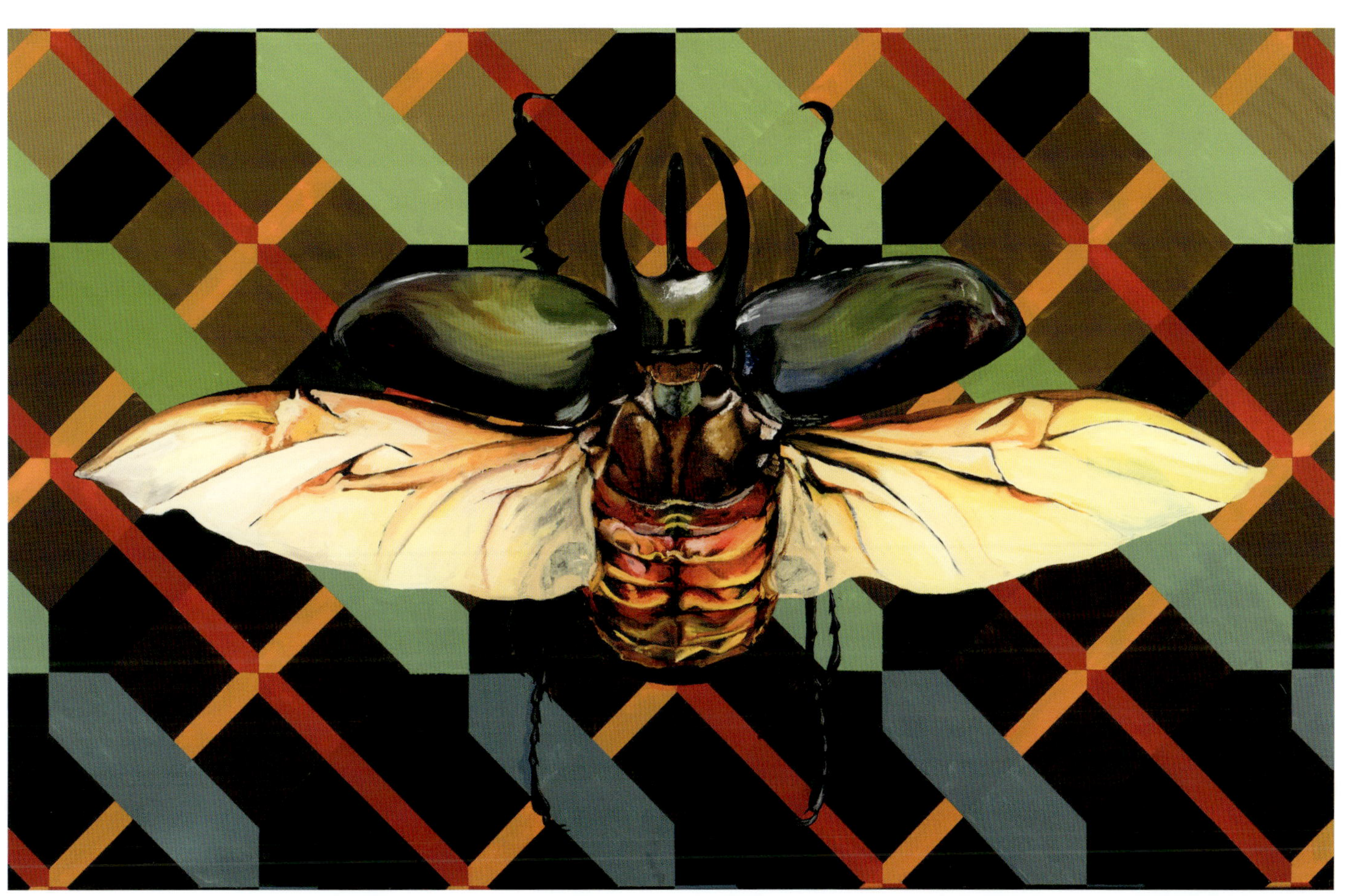

ESCARABAJO | 2023 | Óleo y acrílico sobre lienzo | 74 x 115 cm

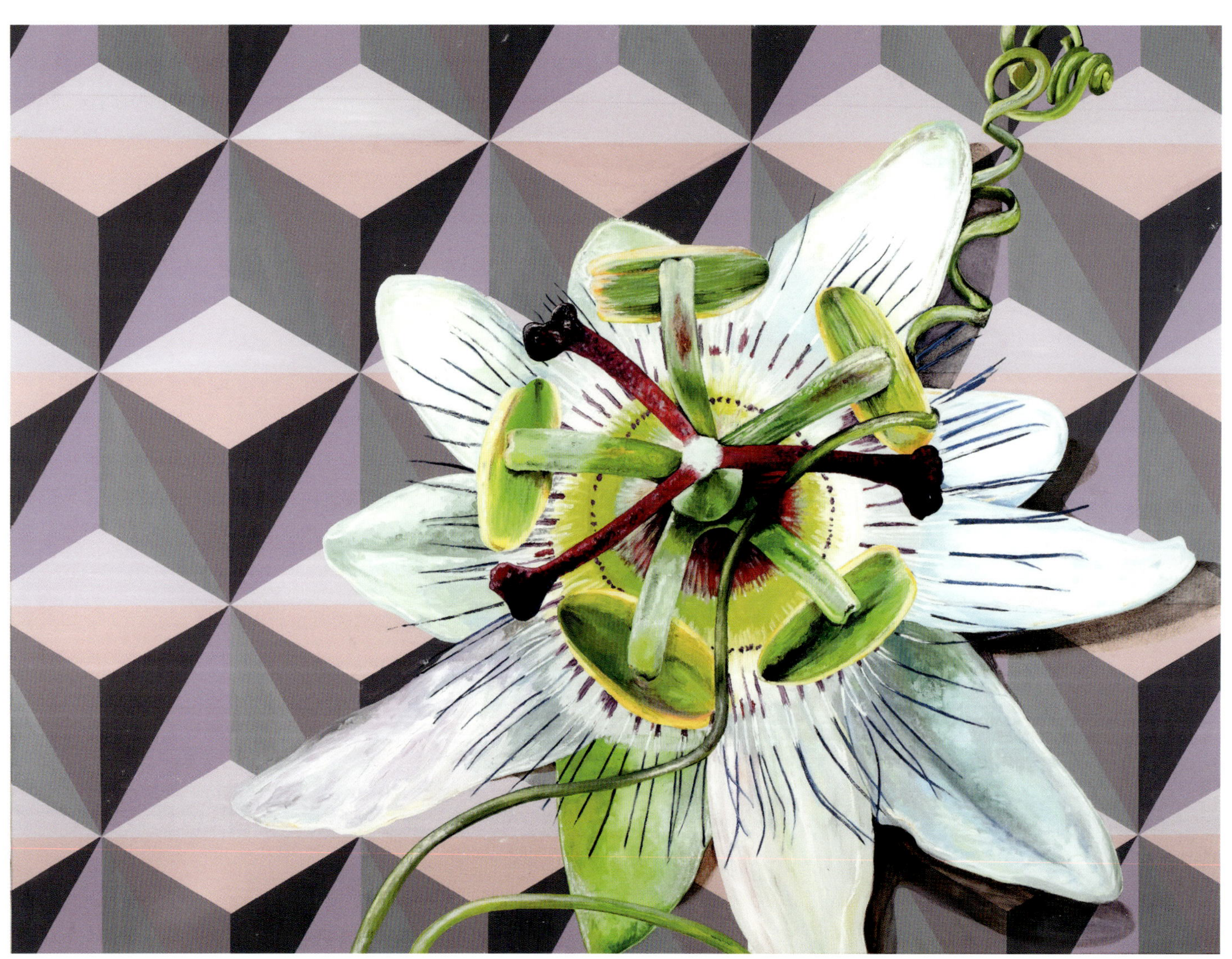

FLOR DE LA PASIÓN | 2023 | Óleo y acrílico sobre lienzo | 97 x 130 cm

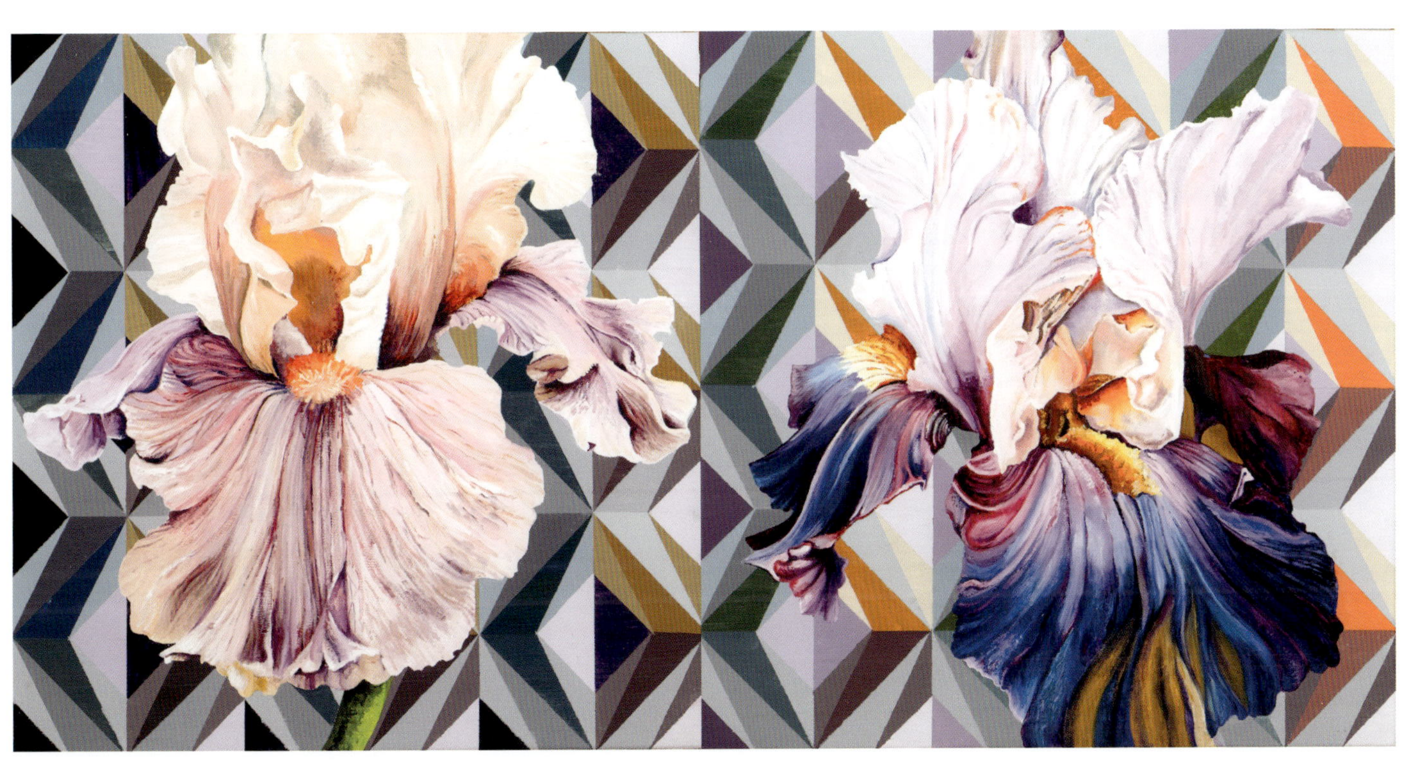

LIRIOS | 2024 | Óleo y acrílico sobre lienzo | 50 x 50, 50 x 50 cm

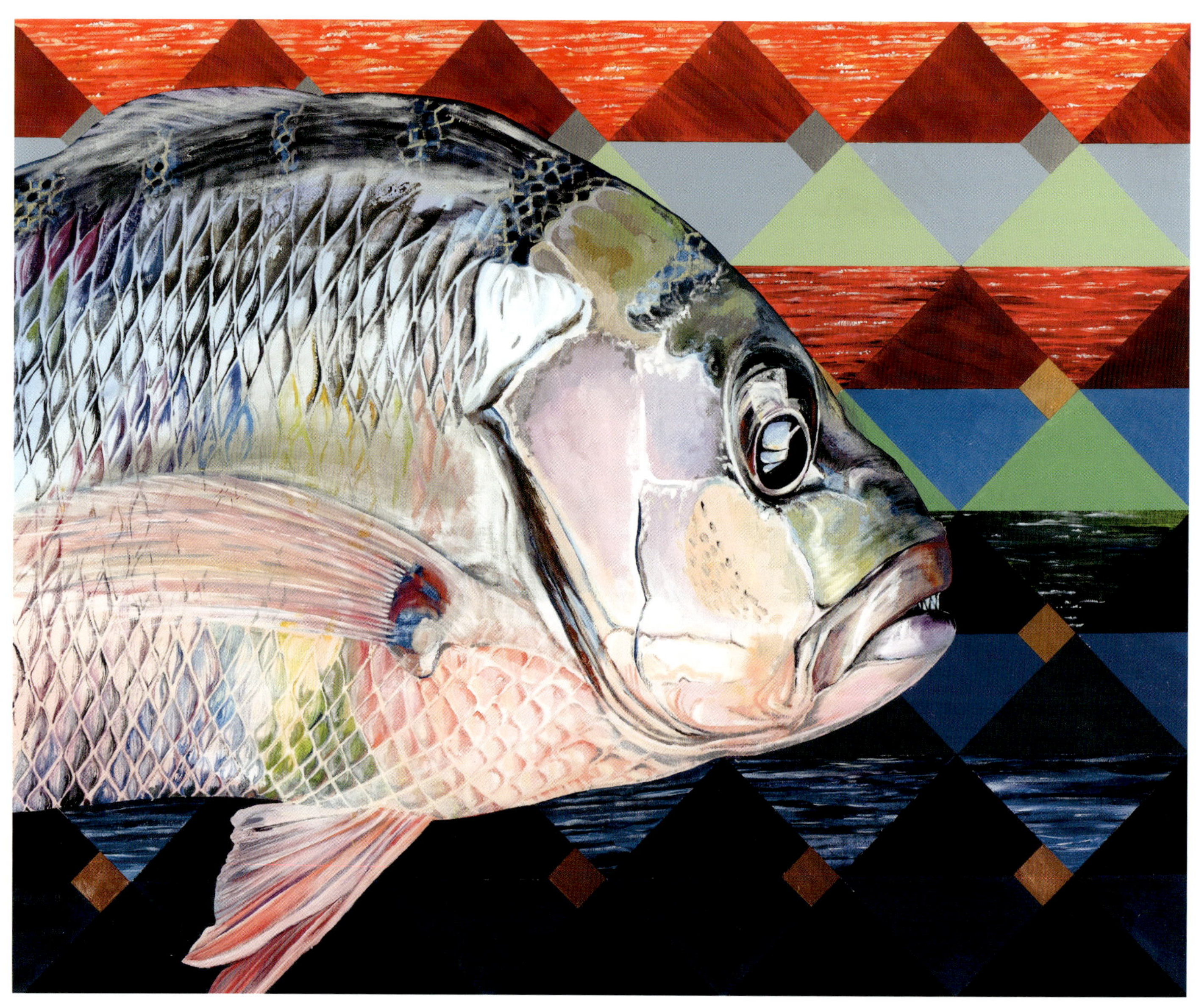

PEZ | 2025 | Óleo y acrílico sobre lienzo | 81 x 100 cm

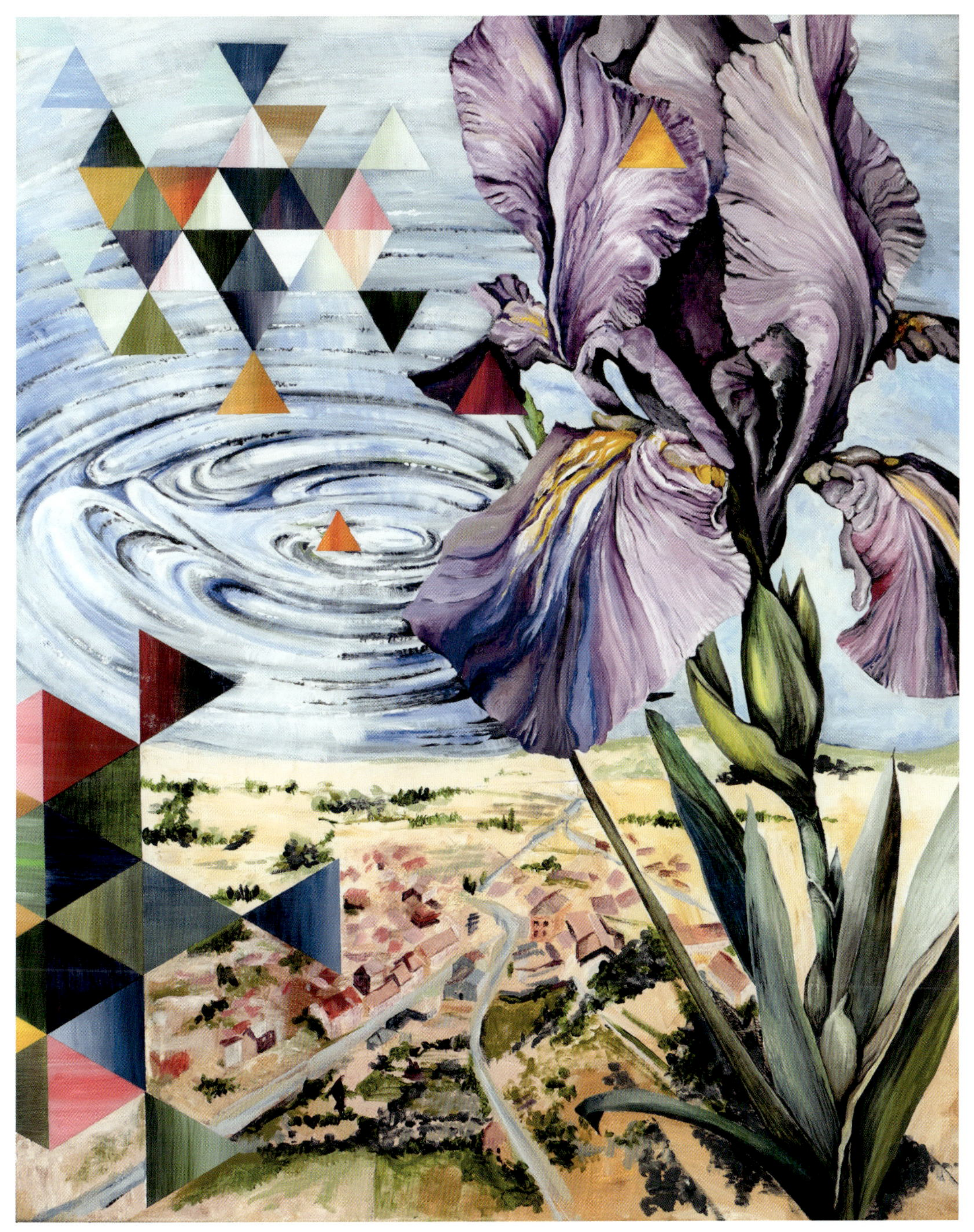

"A Margarita Ferreras" | 2025 | Óleo y acrílico sobre lienzo | 100 x 81 cm
HOMENAJE 125 ANIVERSARIO
Proyecto pictórico para el libro "Ávida llama" de Dolores Fidalgo

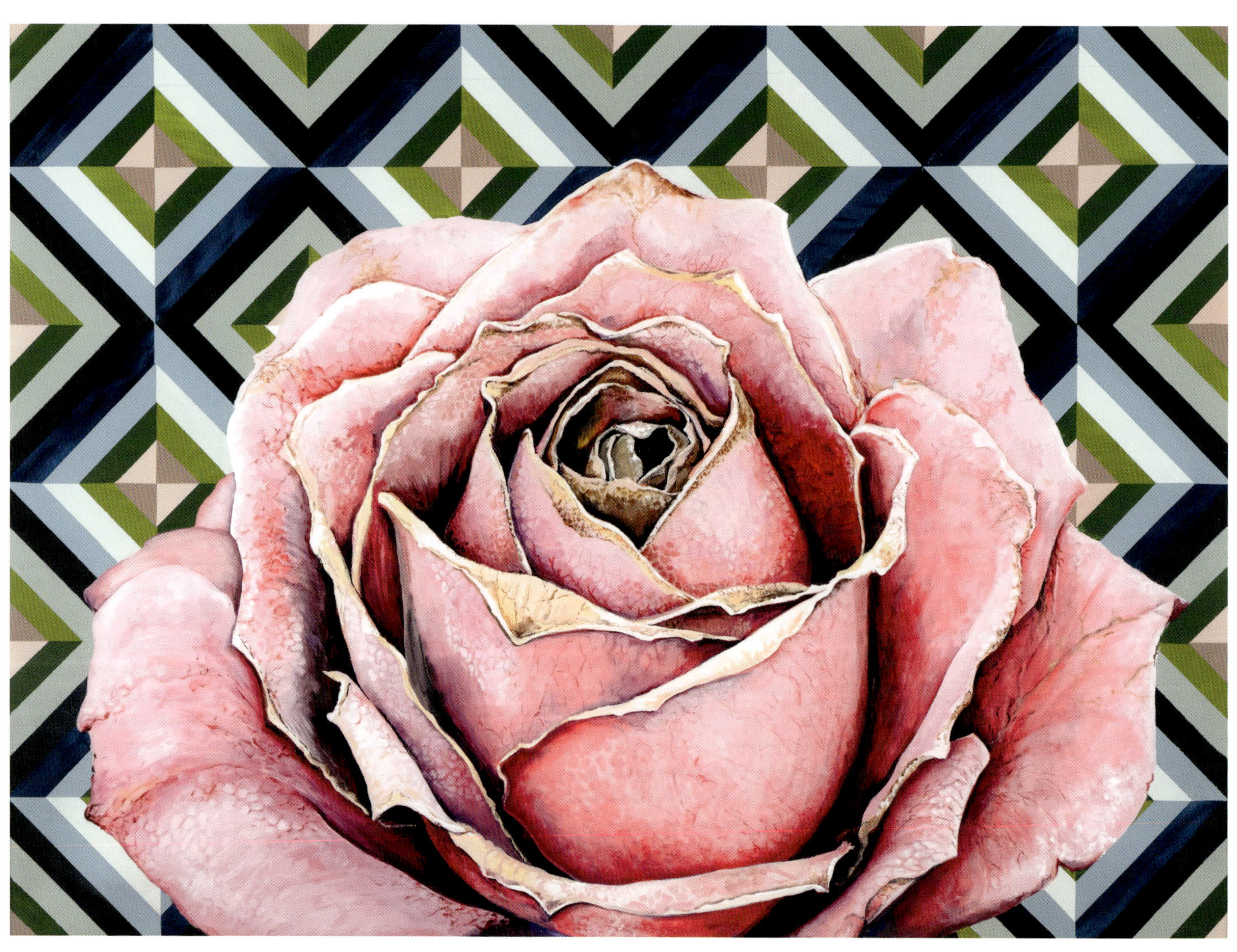

ROSA | 2026 | Óleo y acrílico sobre lienzo | 74 x 100 cm

ILUSTRACIÓN

Miro **casas** y me imagino lo de dentro:
Las plantas que decoran la entrada
Y cada cuánto las riegan.
Lo que tienen colgado en la pared.
A quién dejan entrar, a quién no.
Cuántos relojes tienen
Y cómo de rápido pasa el tiempo allí dentro.
Seguro que rápido. Siempre pasa rápido.
Me imagino la cocina y cuál será el plato de la casa.
Y cuántos ponen la mesa. ¿Habrá alguna silla vacía?
Me imagino el jardín.
Lleno de flores moradas.
Lleno de flores blancas.
Lleno de flores.
Allí no es invierno.
Seguro que tienen flores.
Muchas flores.

I. Brey

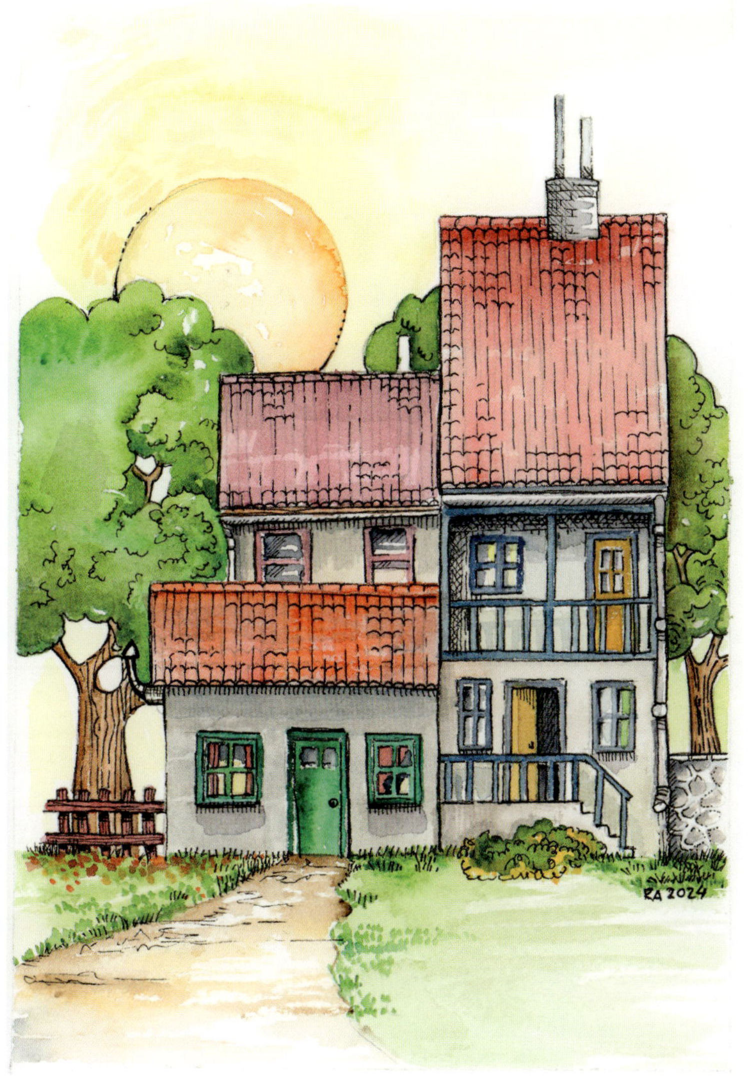

CASA CON CAMINO Y AMAPOLAS | 2024 | Acuarela y tinta | 14 x 21 cm

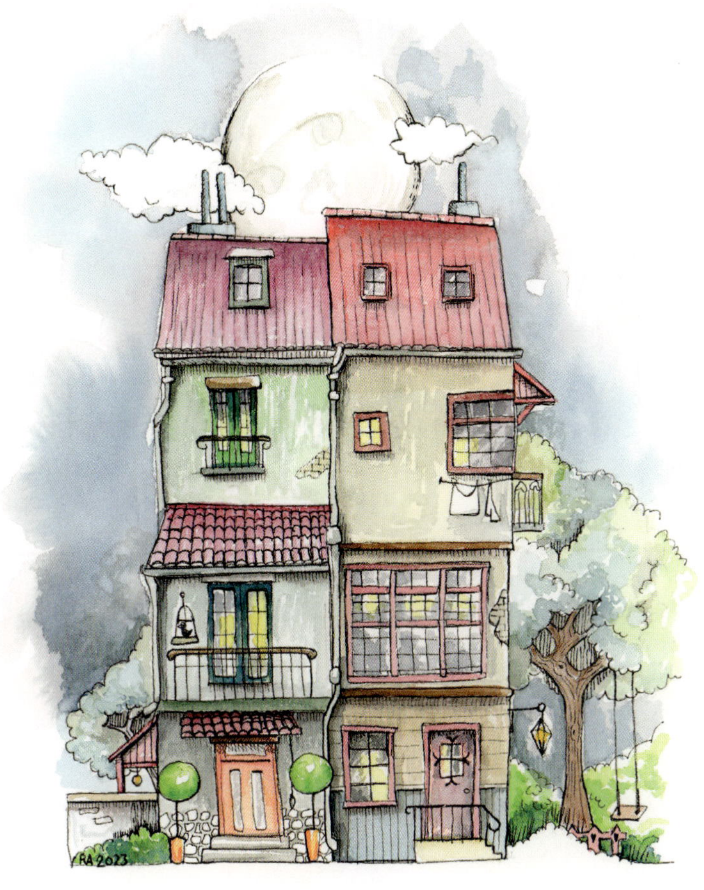

DOS CASAS CON TOPIARIOS Y COLUMPIO | 2023 | Acuarela y tinta | 31 x 22 cm

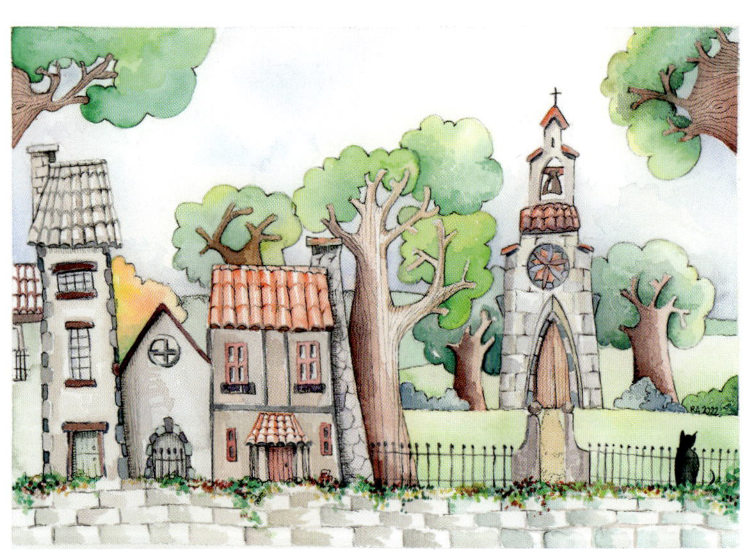

PUEBLO CON GATO | 2022 | Acuarela y tinta | 22 x 31 cm

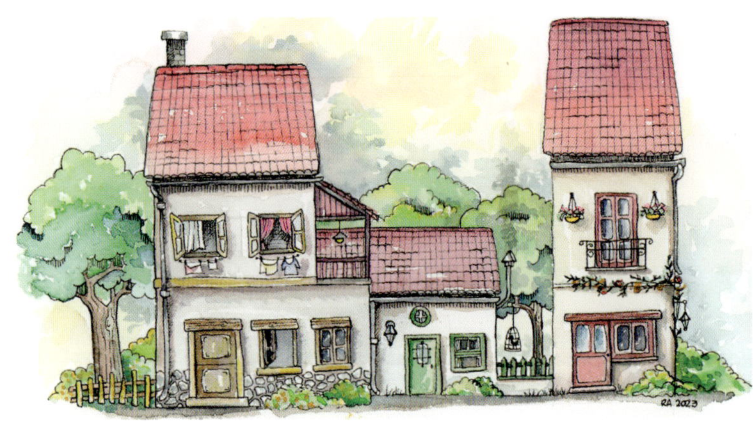

LA VALLA AMARILLA | 2023 | Acuarela y tinta | 22 x 31 cm

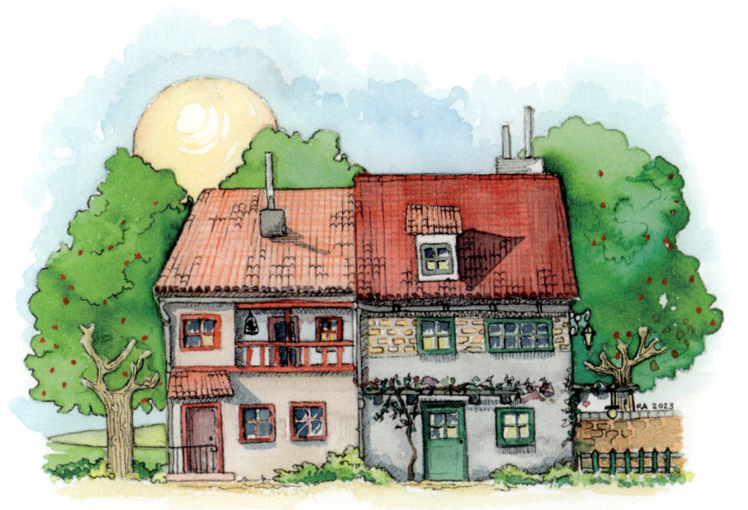

LA VALLA VERDE Y DOS MANZANOS | 2023 | Acuarela y tinta |
22 x 31 cm

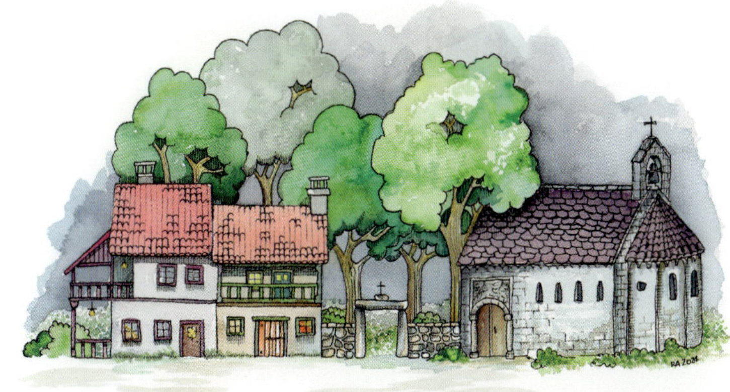

LA CAPILLA Y EL CAMPOSANTO | 2024 | Acuarela y tinta | 22 x 31 cm

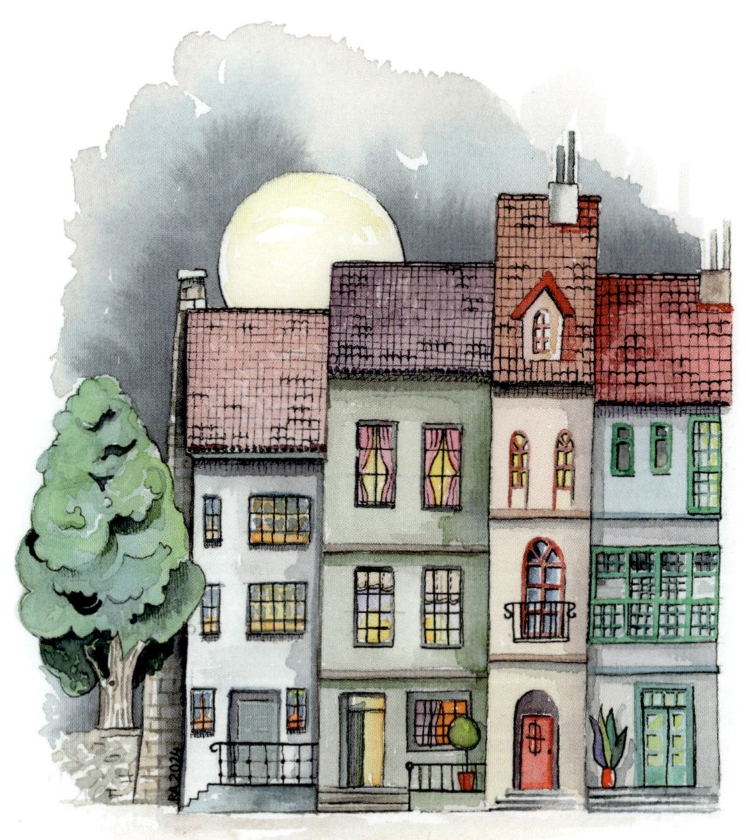

CASAS DE LA CIUDAD | 2024 | Acuarela y tinta | 24 x 19 cm

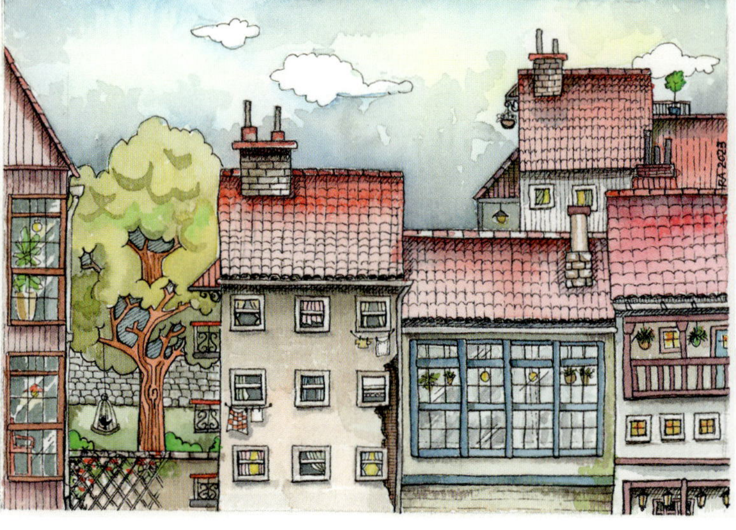

GALERÍAS | 2023 | Acuarela y tinta | 15 x 21 cm

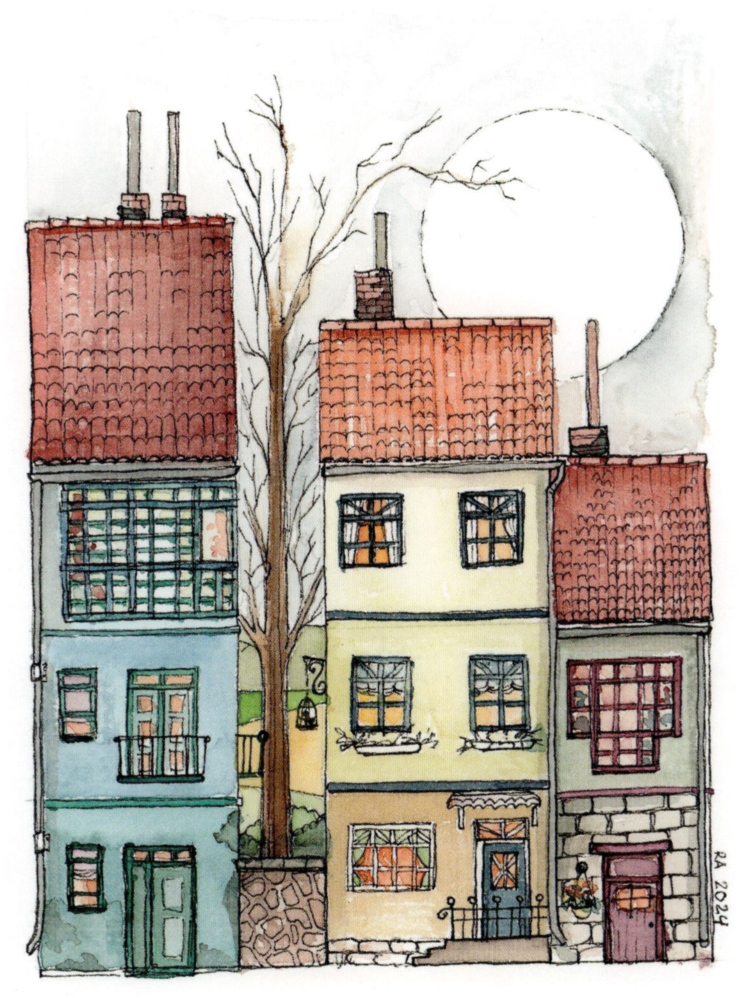

CASAS CON PATIO EN INVIERNO | 2024 | Acuarela y tinta | 18 x 13 cm

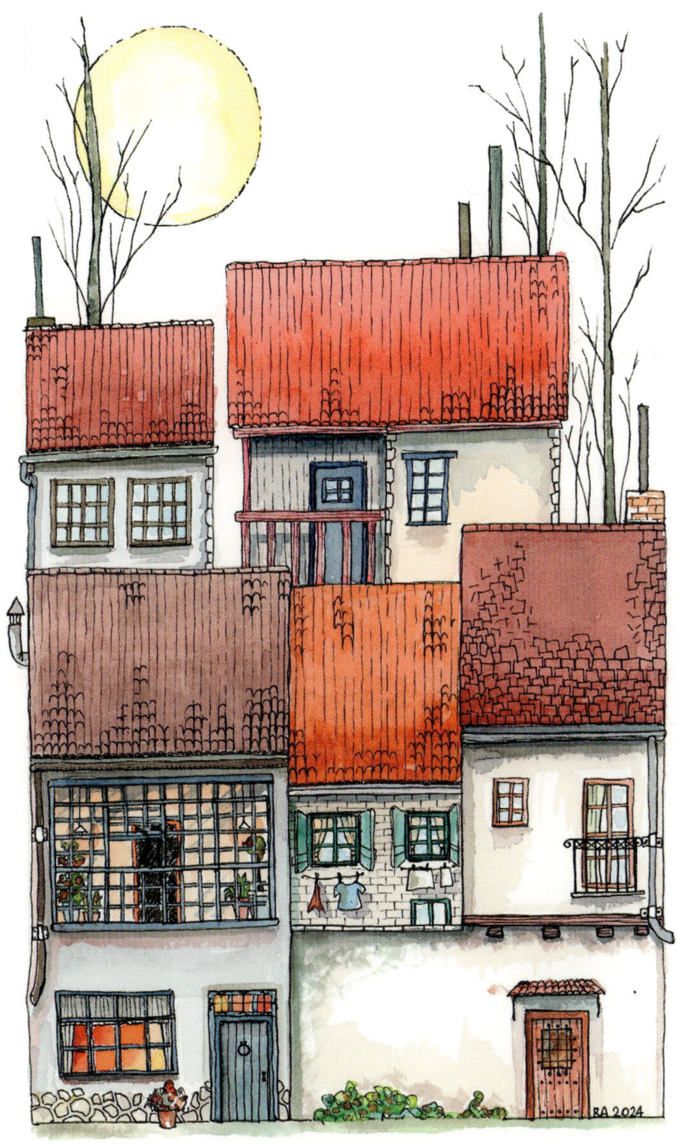

CASAS CON SOL DE INVIERNO | 2024 | Acuarela y tinta | 31 x 22 cm

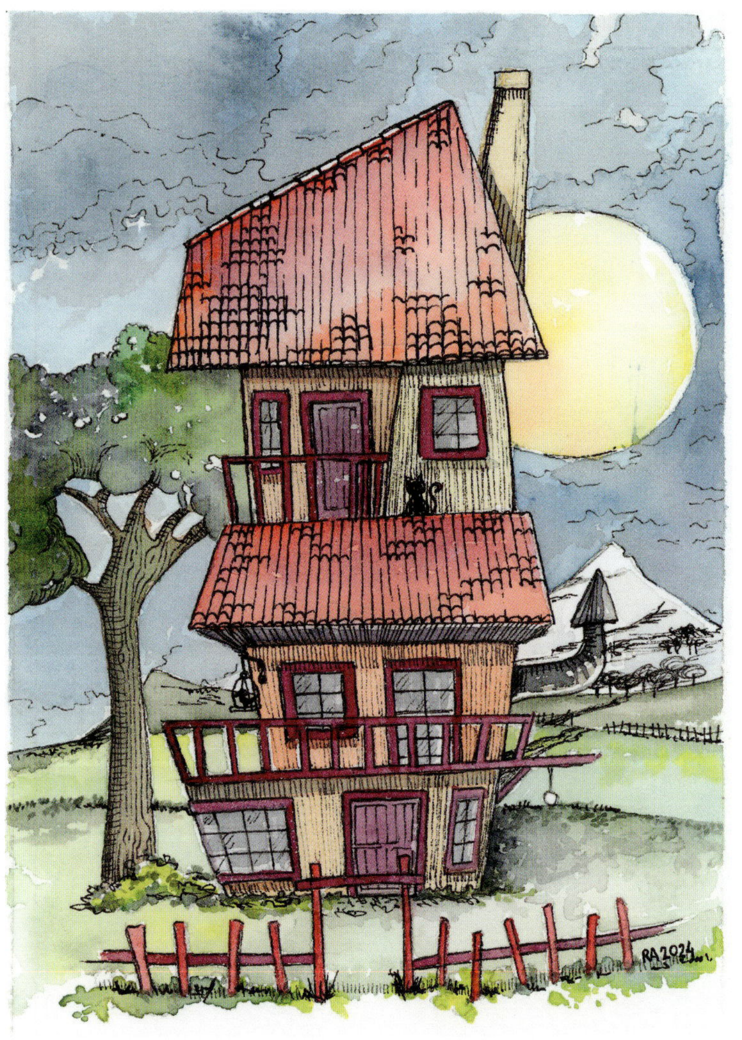

CASA ASIMÉTRICA CON GATO | 2024 | Acuarela y tinta | 19 x 14 cm

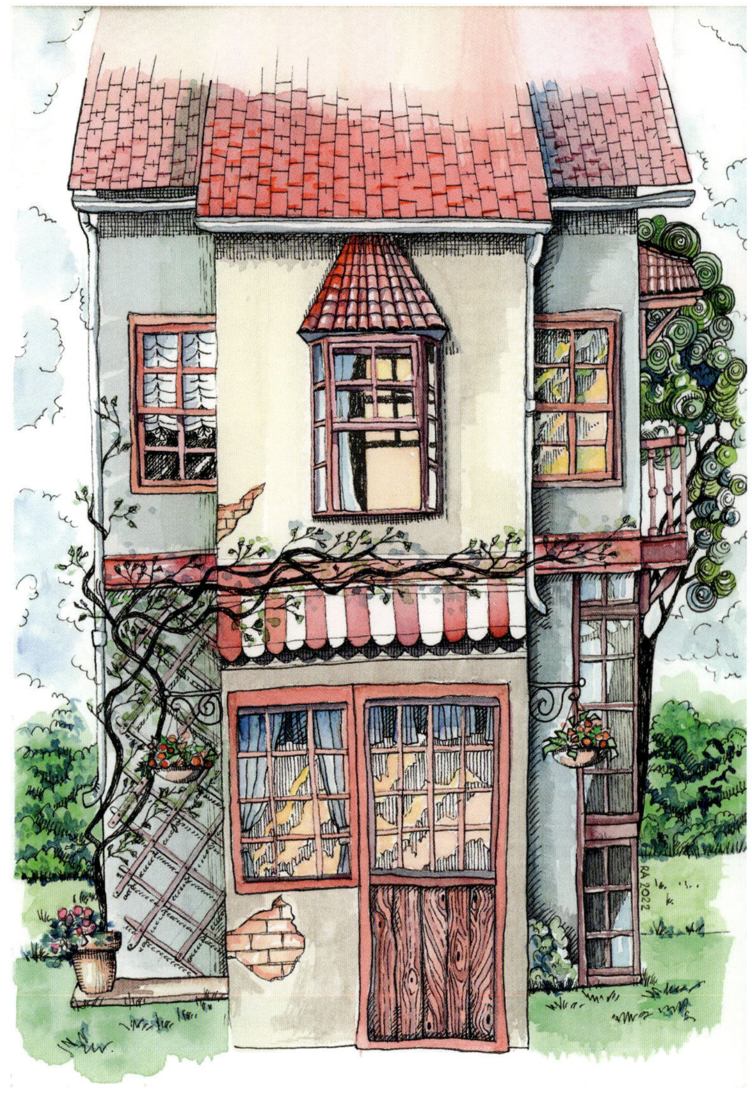

CASA CON TOLDO Y TREPADORA | 2022 | Acuarela y tinta | 32 x 23 cm

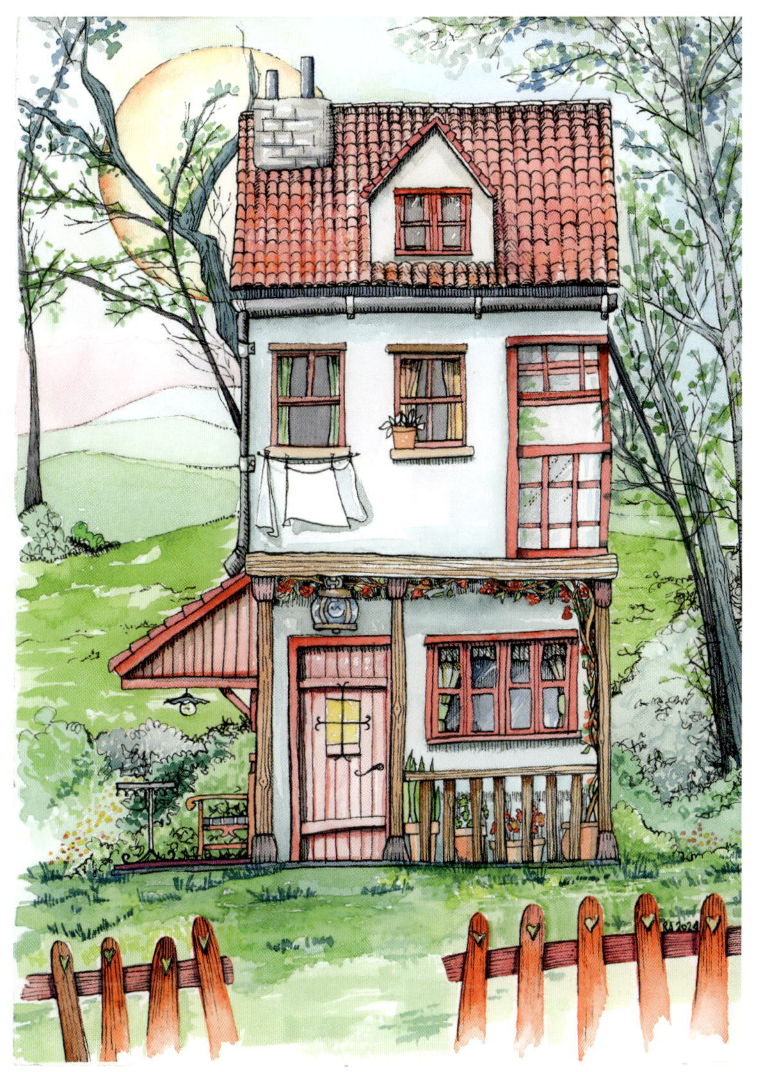

CASA CON VALLA ROJA DE CORAZONES | 2025 | Acuarela y tinta |
32 x 23 cm

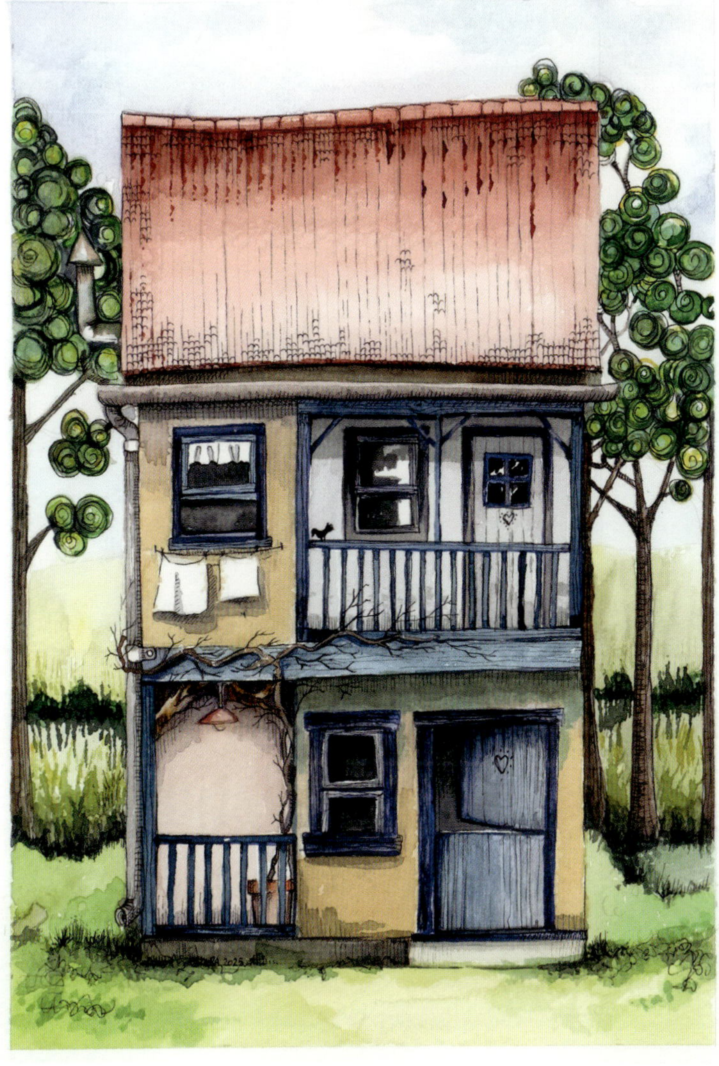

CASA CON PÁJARO EN EL CORREDOR | 2025 | Acuarela y tinta |
32 x 23 cm

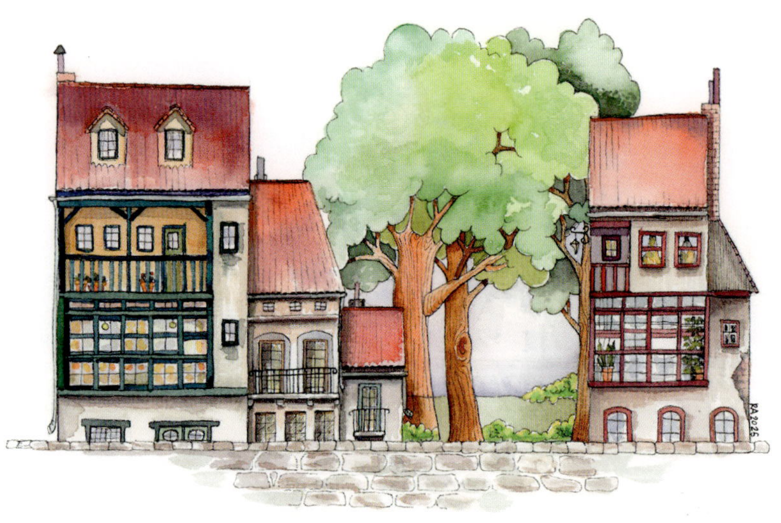

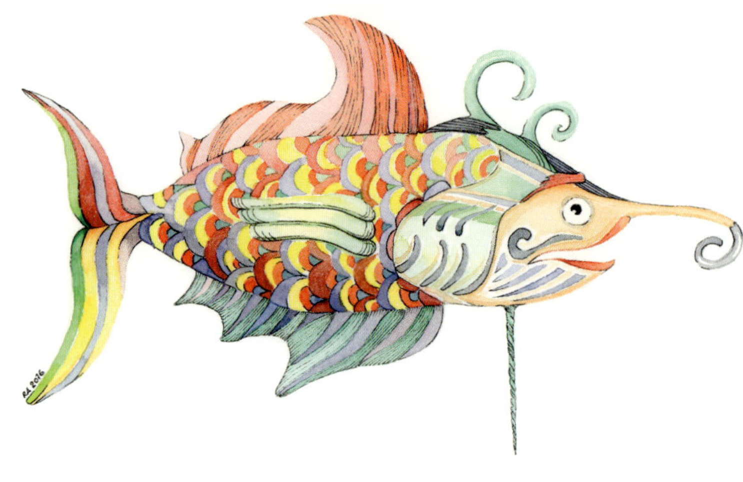

CASAS CON MURO | 2025 | Acuarela y tinta | 22 x 31 cm

PEZ "CUASINARVAL" | 2016 | Acuarela y tinta | 23 x 32 cm

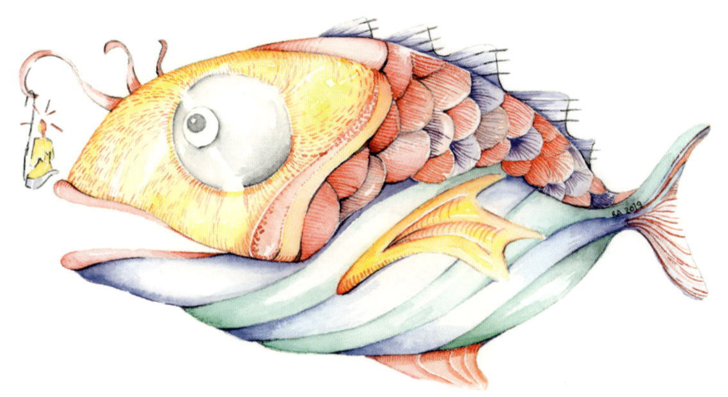

ABISAL 1 | 2019 | Acuarela y tinta | 23 x 32 cm

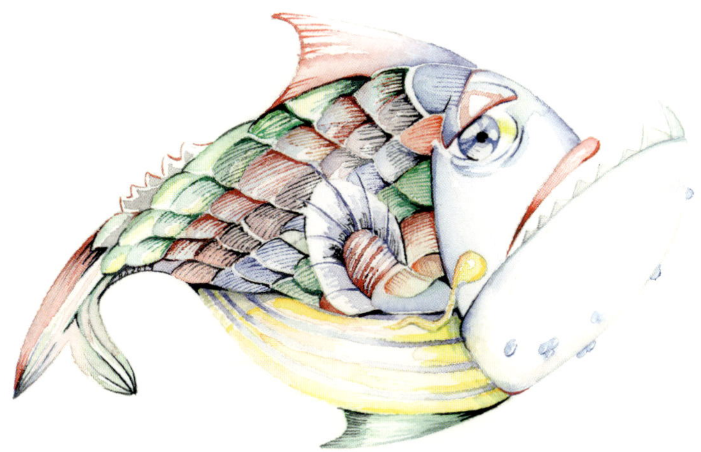

ABISAL 2 | 2019 | Acuarela y tinta | 23 x 32 cm

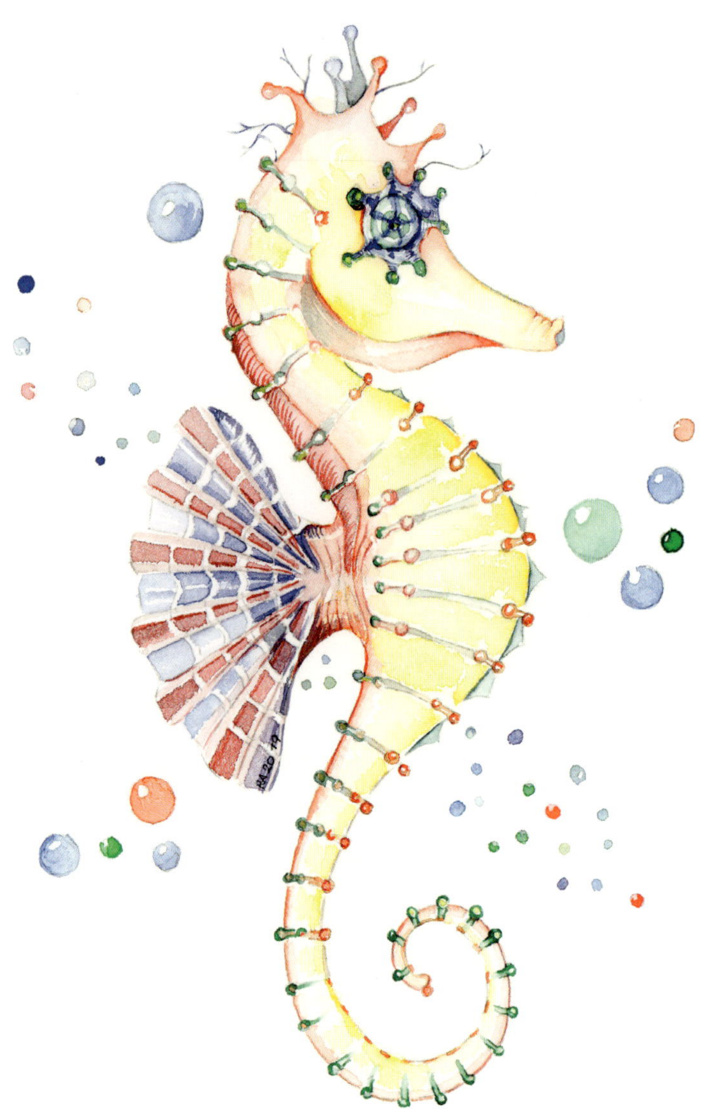

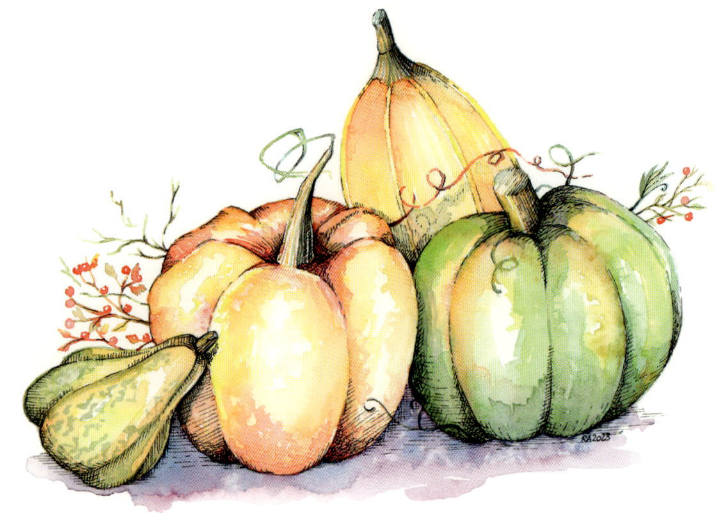

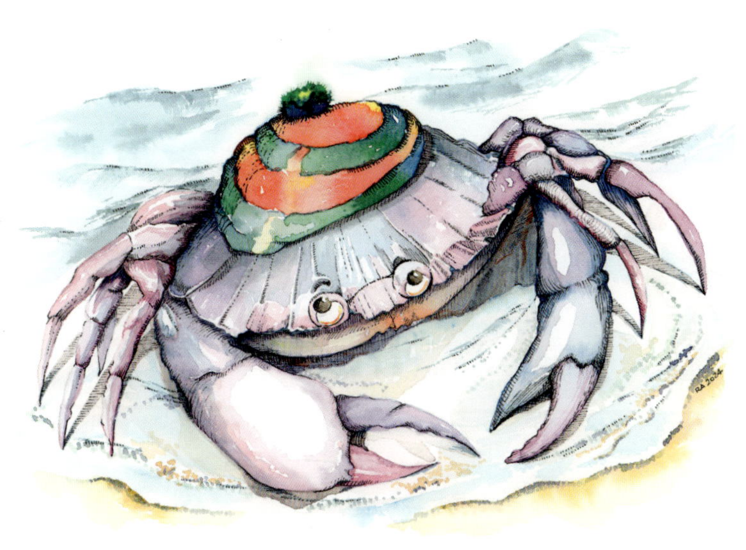

CANGREJO CON BOINA | 2024 | Acuarela y tinta | 22 x 31 cm

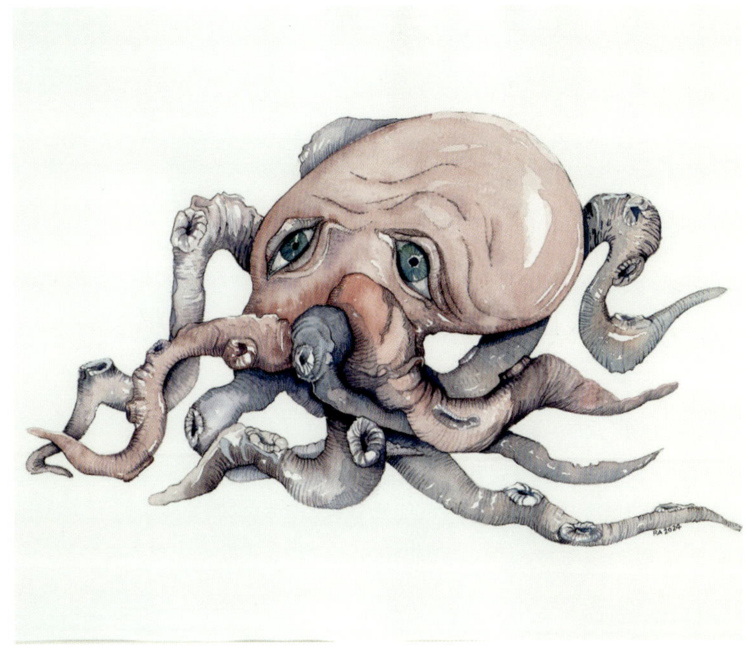

PULPO | 2024 | Acuarela y tinta | 30 x 42 cm

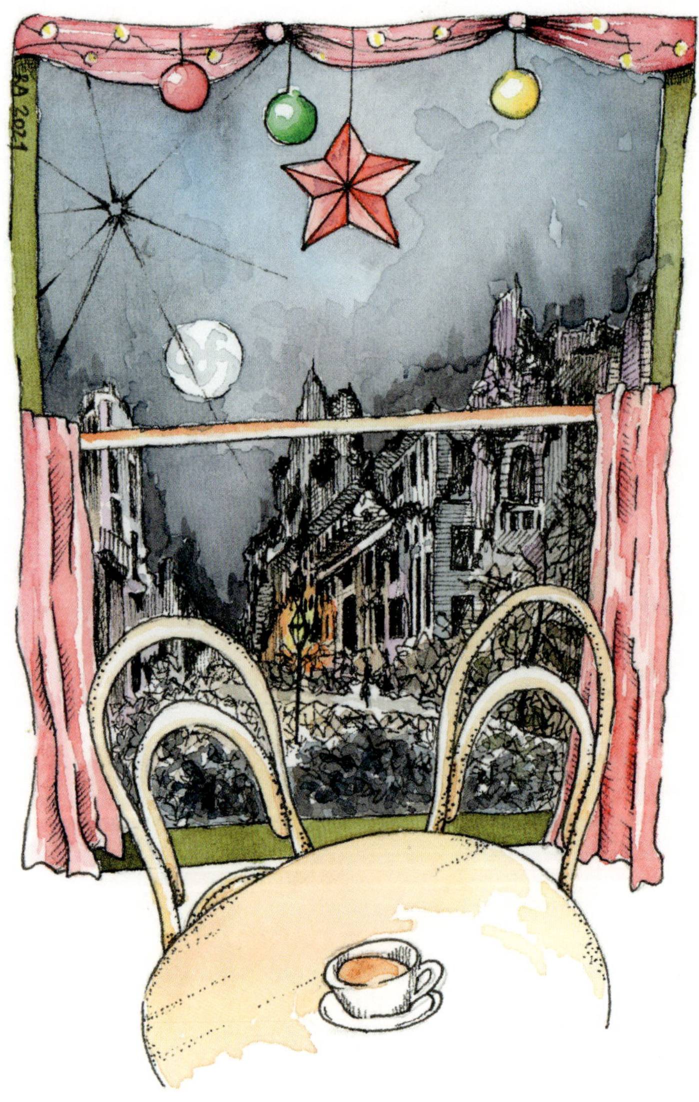

ILUSTRACIÓN PARA "EL PELUQUERO DE HITLER" DE BRUNO MARCOS. FIESTA.
PROYECTO CULTURAL "CONTAMOS LA NAVIDAD" | 2021 |
19 x 14 cm | Acuarela y tinta

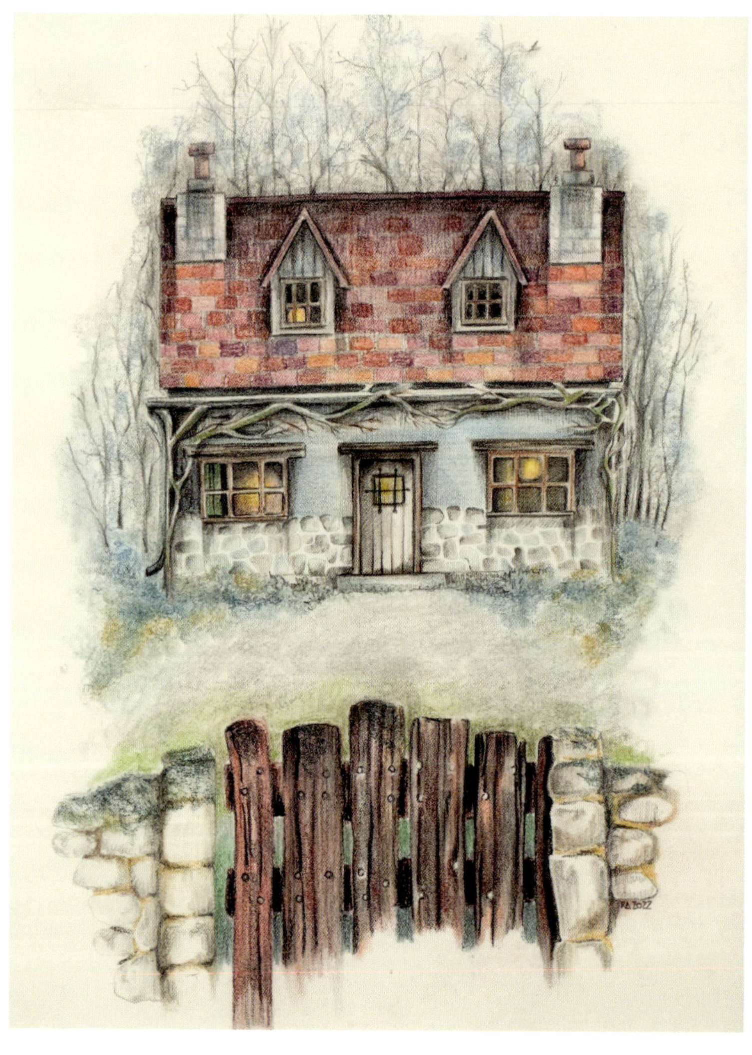

CASA DEL BOSQUE Y VALLA ROJA | 2022 | Grafito, sanguina y cretas |
41 x 31 cm

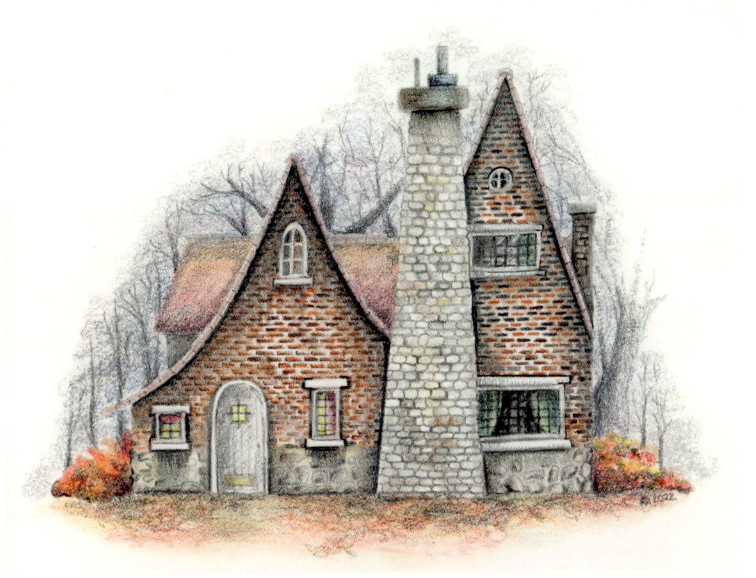

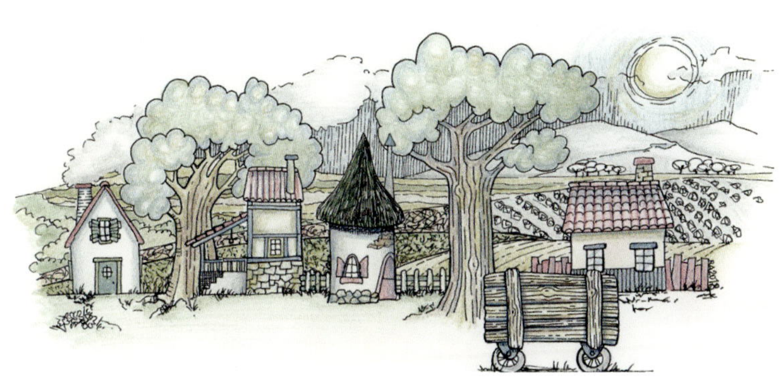

LA CASA DEL BOSQUE | 2022 | Grafito, sanguina y cretas | 30 x 40 cm   PUEBLO CON CARRO | 2018 | Pinturas metálicas y tinta | 30 x 40 cm

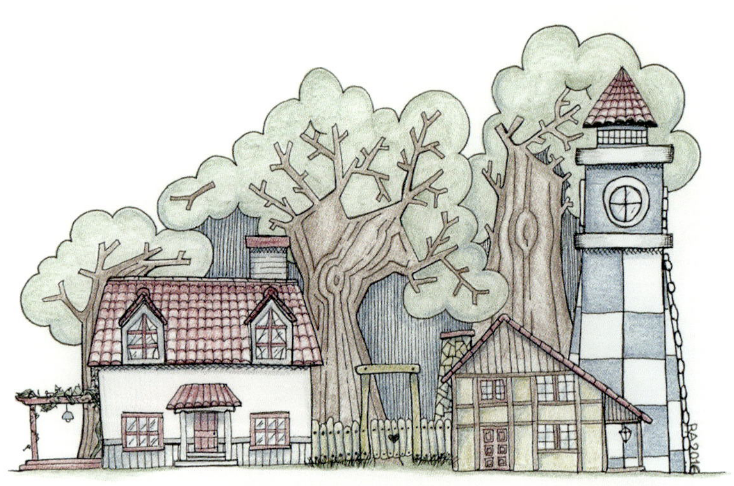

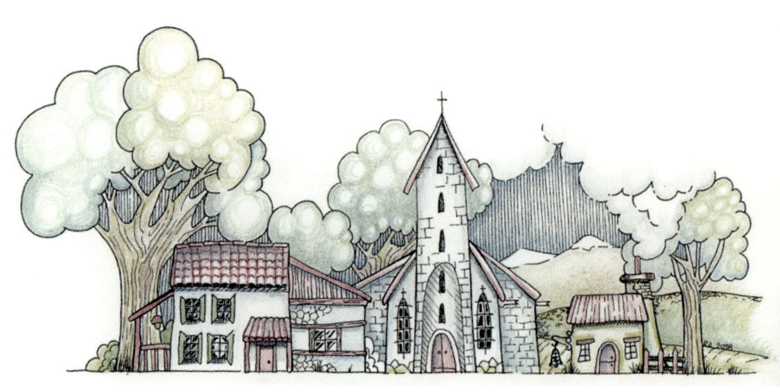

PUEBLO CON FARO | 2016 | Pinturas metálicas y tinta | 21 x 30 cm   PUEBLO CON IGLESIA | 2016 | Pinturas metálicas y tinta | 30 x 40 cm

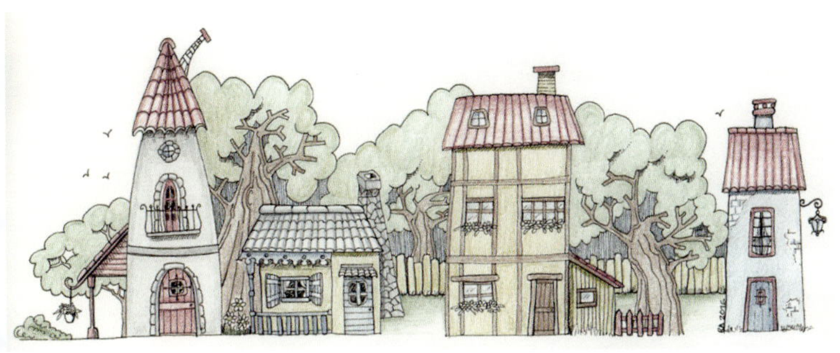

PUEBLO CON MARGARITAS | 2016 | Pinturas metálicas y tinta |
24 x 35 cm

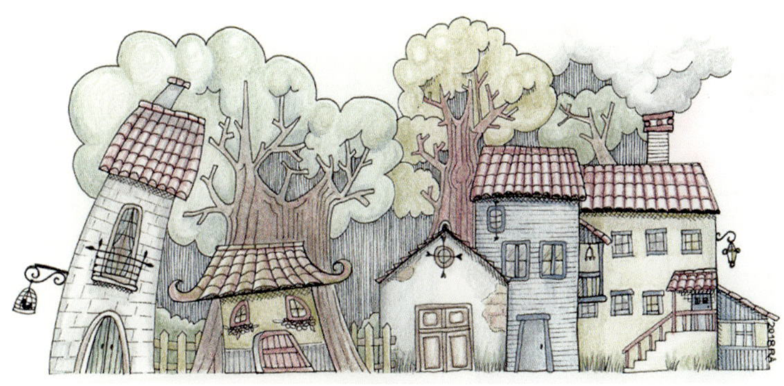

PUEBLO TORCIDO | 2016 | Pinturas metálicas y tinta | 30 x 39 cm

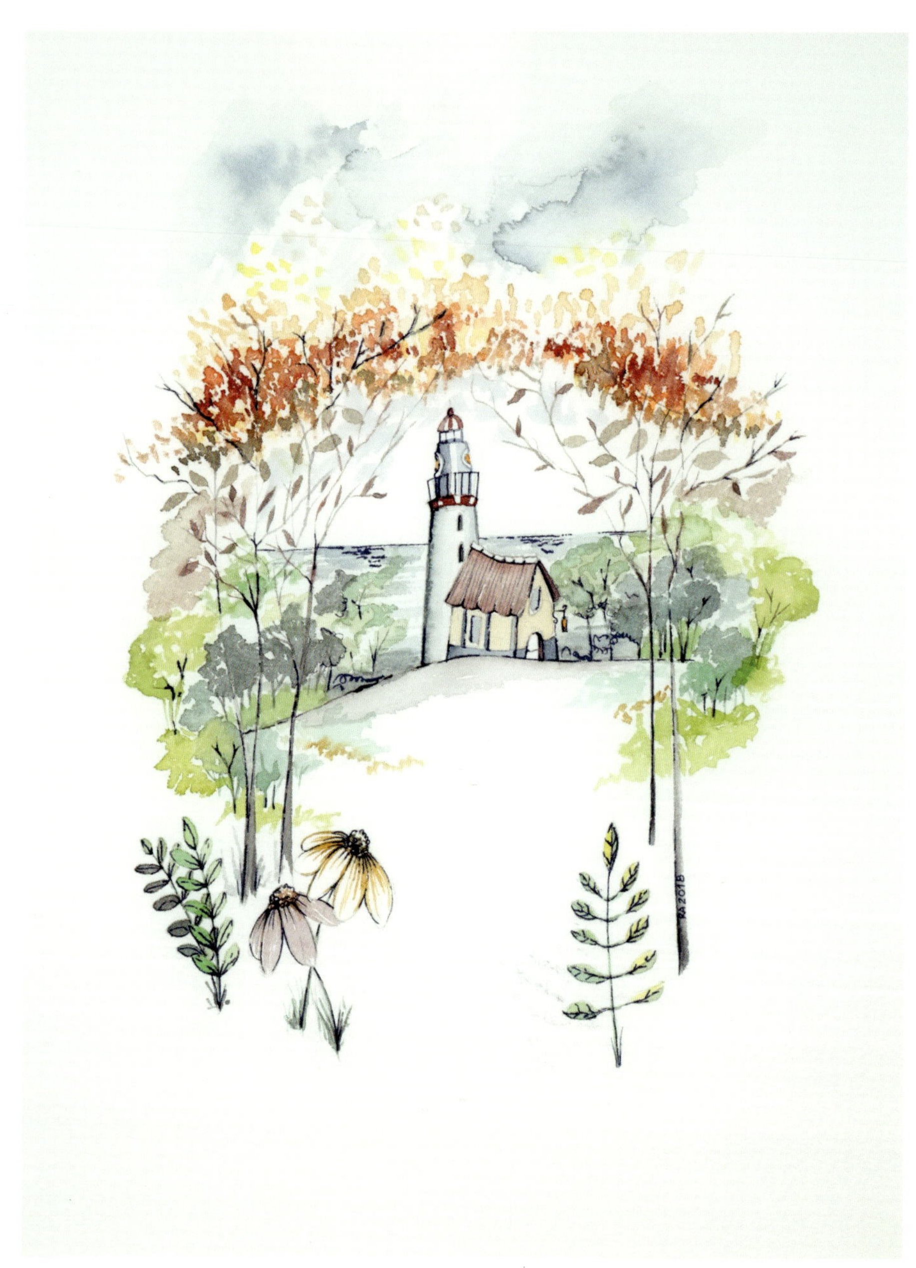

EL FARO | 2018 | Acuarela y tinta | 42 x 30 cm